Himmel auf Erden

Wunder und Gleichnisse

Herausgegeben und eingeleitet von
Sigrid und Horst Klaus Berg

Kösel/Calwer

Biblische Texte verfremdet Band 11
Herausgegeben und eingeleitet von Sigrid und Horst Klaus Berg

CIP-Titelaufnahme der Deutschen Bibliothek

Biblische Texte verfremdet / hrsg. u. eingel. von
Sigrid u. Horst Klaus Berg. – München : Kösel ;
Stuttgart : Calwer Verl.
Bd. 11. Himmel auf Erden : Wunder und Gleichnisse. – 1989
ISBN 3-466-36376-4 (Kösel)
ISBN 3-7668-3037-6 (Calwer)
NE: Berg, Sigrid [Hrsg.]

Gesamtherstellung: Kösel, Kempten.
Umschlag: Günter Oberhauser, München, unter Verwendung
des Bildes „Großer abstrakter Kopf“, 1927, von Alexej Jawlensky.
Privatbesitz. © 1989, Copyright by COSMOPRESS, Genf.
ISBN 3-466-36376-4 (Kösel)
ISBN 3-7668-3037-6 (Calwer)

INHALT

EINFÜHRUNG

„Overfamiliar" nennt man im Englischen ein Verhältnis, in dem übergroße Vertrautheit eine wirkliche Begegnung nicht mehr aufkommen läßt. Das allzu Bekannte erkennen wir nicht mehr. So geht es wohl auch mit der biblischen Überlieferung: Durch den Gebrauch im Gottesdienst, in der täglichen Lesung, im Religionsunterricht sind die Texte abgenutzt, fordern nicht mehr heraus.
Wer nimmt einen Bibeltext noch so wahr, wie es einst der Prophet Jeremia beschrieb?
Ist nicht mein Wort wie Feuer, spricht der Herr,
und wie ein Hammer, der Felsen zerschmeißt? (Jer 23,29)
Wir müssen dringend die lähmende Vertrautheit aufheben, damit die Bibel wieder frag-würdig wird. Eine wichtige Methode ist die Verfremdung. Die Bände „Biblische Texte verfremdet" bieten dafür viele Beispiele und Anregungen.

Drei Schritte zum Verstehen

Wer sich mit Verfremdungen beschäftigt, sieht sich mit Texten oder Bildern konfrontiert, die Aufmerksamkeit erregen und zur Auseinandersetzung provozieren wollen. Um genauer zu klären, was bei dieser Auseinandersetzung geschieht, wollen wir den Verstehensprozeß einmal schrittweise darstellen, auch wenn er beim praktischen Umgang mit Verfremdungen sicher oft ganz anders verläuft.
Wir setzen nicht bei der fertigen Verfremdung ein; diese gewinnt ja ihr eigenes Profil erst durch die Spannung zum Bibeltext, mit dem sie kritisch umgeht.
Inhaltlich umschreibt der Titel des Bandes das, was die Bibel „Reich Gottes" nennt. In einem *1. Schritt* fragen wir nach der ursprünglichen Botschaft der biblischen Überlieferung, die den Verfremdungen des Bandes zugrunde liegt. – Darauf prüfen wir in einem *2. Schritt,* welche Barrieren, Mißverständnisse, Gewohnheiten sich heute zwischen uns und die biblischen Texte geschoben haben. Können wir die überkommene Botschaft noch aufnehmen? –

Schließlich untersuchen wir, mit welchen Absichten und Methoden sich heute Schriftsteller und Künstler verfremdend mit diesen Texten auseinandersetzen *(3. Schritt)*. Das werden wir an Beispielen aus diesem Band erläutern. (Eine ausführliche Darstellung der Grundsätze und Verfahren bietet Band 1 dieser Reihe an. Er enthält außerdem Vorschläge und Modelle zum Einsatz von Bibelverfremdungen in Religionsunterricht und Gemeindearbeit sowie Anleitungen zu eigenen Verfremdungsversuchen. Die Einleitungen zu den einzelnen Bänden können nur eine knappe Zusammenfassung anbieten; diese verwenden bei den Ausführungen über die Bedeutung der Verfremdung teilweise den gleichen Text.)

1. Schritt: „Reich Gottes im Neuen Testament"

Man spricht davon, daß im Judentum der neutestamentlichen Zeit ein „apokalyptisches Fieber" geherrscht habe; die unterdrückten Menschen litten unter den gegenwärtigen Verhältnissen, ersehnten eine kommende, bessere Welt von Gott her und suchten nach Zeichen, die den Untergang des alten und den Aufzug des neuen Weltzeitalters (Äon) ankündigen sollten; Offenbarungen (gr. apokalypsis = Enthüllung) hatten Hochkonjunktur.
Jesus und sein Vorläufer Johannes der Täufer haben ihre Wurzeln in dieser apokalyptischen Bewegung: „Kehrt um, denn das Reich der Himmel ist genaht", sagt der Täufer (Mt 3,2), und Jesus nimmt zunächst den Ruf auf: „Die Zeit ist erfüllt, und das Reich Gottes ist genaht; kehrt um und glaubt an das Evangelium" (Mk 1,15). Hier haben wir mit der Erwartung des Reichs als einer in ferner Zukunft hereinbrechenden neuen Welt zu tun; wir treffen sie auch sonst bei Jesus an, z. B. im Gleichnis vom Unkraut unter dem Weizen (Mt 13,24–30). Dann setzt Jesus aber gegen das verbreitete Zwei-Äonen-Schema eine ganz neue Sicht des Gottesreichs: „Das Reich Gottes kommt nicht so, daß man es beobachten könnte. Man wird auch nicht sagen: Siehe, hier! oder: dort! Denn siehe, das Reich Gottes ist mitten unter euch" (Lk 17,20). Die Wendung „mitten unter euch" weist auf den, der unter den Menschen ist, auf Christus selbst. In seinem Wort, in seiner Tat dringt das Reich Gottes schon jetzt in das Leben der Menschen ein. Noch deutlicher spricht Jesus es in einem Streitgespräch aus: „Wenn ich mit dem Finger Gottes

Dämonen austreibe, dann ist Gottes Reich zu euch gekommen" (Lk 11,20). An diesen Aussprüchen können wir einige grundlegende Merkmale der neutestamentlichen Rede von der Gottesherrschaft ablesen:

Sie ist untrennbar mit der *Person Jesu* verbunden;
sie ist kein zukünftig heraufziehender neuer Äon, sondern beginnt *schon jetzt;*
sie ist kein Zustand, sondern *Geschehen,* und zwar ein befreiender Prozeß zugunsten der Menschen, in dem gutes, neues Leben sich durchsetzen will; darum wird das Reich Gottes auch oft als „Gottesherrschaft" bezeichnet;
dies Geschehen ist ein *Kampf gegen lebensfeindliche Kräfte* um die Befreiung der Unterdrückten; darauf deutet vor allem Lk 11,20 hin.
Weitere Kennzeichen der Gottesherrschaft können wir den neutestamentlichen Texten entnehmen, die sie direkt oder indirekt ansprechen:
Der Befreiungsprozeß ist ein *ganzheitlicher Vorgang*. Die im vitalen Bereich Beschädigten und Gestörten erreicht er als wunderbare Heilung, die Entrechteten und Deklassierten (zum Beispiel Zöllner; Frauen; Arme; Kinder) als heilende Zuwendung, die im Glauben und Leben Gescheiterten als unverdiente Vergebung ... die Menschen bekommen aus Güte, was sie brauchen.
Damit kommt es zu einer *Umwertung* der bisher unverbrüchlich geltenden Werte; die Gottesherrschaft erkennt keine Grenzen an:
– Maßgebend ist nicht mehr, was einer leistet, sondern was er zum Leben nötig hat;
– nicht mehr Richten und Rechthaben sind gefragt, sondern Güte, die Maß nimmt an der Güte des Vaters;
– vor Gott sind nicht länger die (Glaubens-) Besitzer und Starken angesehen, sondern die Armen, die Kinder, die Unbeachteten;
– da muß man sich nicht mit Krankheit und Leid als „Schicksal" abfinden – Gott selbst kämpft für das Heil seiner Menschen.

Die Gottesherrschaft ist Kampf gegen lebensfeindliche Mächte (das Neue Testament deutet sie mit den Vorstellungen seiner Zeit als „Dämonen"). Aber niemand wird ihr mit Gewalt unterworfen. Die Texte beschreiben die ersten Begegnungen mit dem Reich Gottes oft als Einladung zu einem Fest und vergleichen den weiteren Gang mit Vorgängen aus der Natur, vor allem dem Wachsen. Wachsen – das ist ein sanfter, gewaltloser, aber doch unaufhaltsamer Prozeß, der auch den Asphalt sprengen kann.

Das Neue Testament erzählt erst den Anfang der Gottesherrschaft: Nicht *alle* werden gesund, nicht *alle* werden befreit. Aber die ganze Praxis und Geschichte Jesu ist voller Zeichen dafür, daß der Himmel beginnt, sich auf der Erde Platz zu machen: die Heilungen – die neue Solidarität in seinem Lebenskreis – die Ausrufung der neuen Ordnung: Denen, die nichts gelten, den Armen und den Kindern, gehört das Himmelreich. Und auch die Feste, die er feierte, sind Vor-Zeichen des endzeitlichen Freudenmahls oder auch der Hochzeitsfeier, zu der der Messias die Seinen einlädt.

Die Sache Jesu geht weiter – durch die Jünger, die Gemeinde, durch uns. Am Anfang steht die Aussendungsrede Mt 10, vor allem Vers 6–8, in der Jesus die Jünger beauftragt und befähigt, die Gottesherrschaft weiterzutreiben. Die Urgemeinde nimmt diese Arbeit auf und versucht, das Reich Gottes zeichenhaft auszuleben. Und auch die heutige Gemeinde steht in der Kontinuität. Sie kommt von der durch Christus angefangenen Reichs-Arbeit her, empfängt aufs Neue von ihm Auftrag und Vollmacht und weiß, daß nicht sie es ist, die die Herrschaft Gottes zur Vollendung führt, sondern daß sie auf die endgültige Tat Gottes noch wartet (Röm 8,19).

Die wichtigsten Textgruppen des Neuen Testaments, die das Zeugnis vom Reich Gottes entfalten, sind die Wundererzählungen und die Gleichnisse. Sie bilden den Grundstock dieses Bandes.

Die *Wunder Jesu* sind nur indirekt, aber dennoch sehr deutlich mit der Gottesherrschaft verbunden. Wir denken noch einmal an die beiden besprochenen Ausgangstexte aus dem Lukasevangelium zurück, in deren unmittelbarem Kontext es um die Wunderheilungen geht. Den wichtigsten Hinweis gibt Mt 11,2–6: Der Täufer fragt bei Jesus an, ob er der Erwartete sei. Jesus antwortet: „Geht hin und berichtet Johannes, was ihr hört und seht: Blinde sehen, Lahme gehen, Aussätzige werden rein ... und den Armen wird die frohe Botschaft gebracht.“ Jeder Hörer oder Leser des Textes in neutestamentlicher Zeit wußte sofort Bescheid: Jesus zitiert Jes 35, der bezeugt, daß Jahwe selbst kommt, um sein Volk machtvoll zu befreien; zur Befreiung gehören auch wunderbare Heilungen. So will Jesus seine Wunder verstanden wissen: als Zeichen der hereinbrechenden Gottesherrschaft. Das haben offenbar auch seine Gegner verstanden; denn sie greifen ihn genau an diesem Punkt an, wenn sie behaupten, er habe seine Kraft und Vollmacht von „Beelzebul, dem Herrscher der Dämonen“ (Lk 11,14 ff.). Auch der Zweifel an seiner Fähigkeit, Wunder zu tun, wird laut: Die Leute verlangen einen Beweis, ein „Zeichen“. Dies lehnt Jesus strikt ab (z. B. Lk 11,29 ff.); denn er ist nicht einer der damals häufig auftretenden Wunderheiler, sondern der Menschensohn, dessen *ganzes* Tun und Reden den Himmel auf die Erde bringt.

Die *Gleichnisse* Jesu sind fast ausschließlich Reich-Gottes-Geschichten; darum setzen sie häufig mit der Formel ein: „Das Reich Gottes ist gleich ...“ Sie wären gründlich mißverstanden, wollte man sie als Lehr-Erzählungen oder als erbauliche Geschichten auffassen. Sie erzählen und verkünden den Anbruch der Gottesherrschaft, ebenso erstaunlich und revolutionär wie die Wunder: Da wird das Verlorene nicht sich selbst überlassen, sondern gesucht und gefunden (Lk 15) – da zählt nicht länger die Leistung, sondern die Not (Mt 20) – da geht es nicht um Herrschen und Beherrschtwerden, sondern um Wachsen und Reifen (Mt 13).

So spiegelt sich das Himmelreich in den Wundererzählungen und in den Gleichnissen – beide verschränken sich miteinander, weisen aufeinander hin, deuten sich gegenseitig.

Die Auswahl und Anordnung der neutestamentlichen Texte in diesem Band versucht, die Grundzüge der neutestamentlichen Rede von der Gottesherrschaft nachzuzeichnen; das sollen die zusammenfassenden Überschriften andeuten:

Zeit der Freude: Hier versammeln sich Texte, die die Einladung zur festlichen Freude des Himmelreichs zur Sprache bringen.

Befreiung und Heilung: Menschen erleben wunderbare Heilungen als Befreiung und Anfang eines neuen Lebens.

Umwertung aller Werte: In der Gottesherrschaft bleibt nichts, wie es war; Gottes neue Welt bricht an.

Wachsen: Die Gottesherrschaft will niemand unterwerfen; sie lädt zum Wachstum im Glauben und Leben ein.

Berufen zur Arbeit: Die Gottesherrschaft geht weiter – durch die, die Gott zur Mitarbeit beruft und befähigt.

2. Schritt: Wie nehmen wir heute die biblische Überlieferung wahr?

Wenn sich heute Menschen mit den neutestamentlichen *Wundererzählungen* beschäftigen, geschieht das fast ausschließlich unter der Fragestellung: „Konnte Jesus Wunder tun oder nicht?" Die jeweilige Antwort scheidet die Geister: Die einen glauben: „Weil Jesus Gottes Sohn ist, kann er jedes Wunder tun." Für sie entscheidet sich der christliche Glaube an dieser Frage. – Andere halten in unserer aufgeklärten, technisierten Welt den Glauben an einen Wunderheiler für ein Relikt überholten Denkens.
Beide Anschauungen verfehlen die Bedeutung der Wunder beträchtlich; denn sie nehmen sie unter der Perspektive des Beweises wahr – eine Perspektive, die Jesus selbst strikt abgelehnt hat. Wir können sicher davon ausgehen, daß Jesus mit außergewöhnlicher Heilungskraft begabt war – aber das unterschied ihn in seiner Zeit nicht von vielen anderen Wundertätern, von denen erzählt wird. Das Besondere, Einmalige an seinen Wundern ist, daß sie nicht den Wundertäter verherrlichen wollen, sondern zu den Zeichen der beginnenden Gottesherrschaft gehören, die die Welt und den Menschen heilvoll und wunderbar verändert. – Dies müssen wir wieder entdecken!
Auch die *Gleichnisse* werden heute oft mißverstanden – als erbauliche Geschichten oder als didaktische Erzählungen, die eine bestimmte Lehre, eine ethische Weisung anschaulich formulieren.
Und wie steht es mit der Rede vom *Reich Gottes?* Vermutlich verbinden die meisten Christen damit die Vorstellung eines Zustandes, der einmal in ferner Zukunft von Gott selbst heraufgeführt wird – ganz im Sinn der jüdischen Zwei-Äonen-Lehre, die Jesus schöpferisch veränderte.

3. Schritt: Verfremdungen bringen die biblische Überlieferung wieder deutlich zur Sprache

Die Bilder und Texte dieses Bandes versuchen, angesichts der Engführungen im heutigen Verständnis der Gottesherrschaft festgefahrene Deutungsmuster aufzubrechen und die Vielfalt des biblischen Zeugnisses wieder zur Sprache zu bringen.
Verfremdungen suchen und eröffnen neue Wege zum Evangelium.

Dafür hat sich eine charakteristische Formensprache entwickelt, die wir an Beispielen vorstellen wollen.
Vorab gehen wir noch kurz auf die Frage ein: Wie kommt eigentlich eine Verfremdung zustande? Wir können dabei grundsätzlich zwei Wege unterscheiden: Einmal entstehen Texte im geplanten Gegenüber zu einer bestimmten Bibelstelle oder einem größeren Überlieferungszusammenhang. Als Beispiele aus diesem Band können wir die Gruppe 11.9–14 zum Verlorenen Sohn und viele andere notieren. Der andere Weg ist, daß im nachhinein zur biblischen Vorlage passende Texte und Bilder gesucht werden, die die Quelle erweitern, vertiefen, ihr widersprechen usw. Hier wären als Beispiele die Texte 8.22; 8.34 und 35 und andere zu nennen. Kriterium ist in beiden Fällen nicht, ob eine Verfremdung das biblische Gegenstück textgetreu wiedergibt, sondern ob deren Stoßrichtung aufgenommen wurde; das kann im Einzelfall durchaus bedeuten, daß der neue Text der biblischen Quelle radikal widerspricht – dann nämlich, wenn deren Aussage durch Abnutzung so selbstverständlich geworden ist, daß sie uns nicht mehr als Botschaft erreicht. Als Beispiel notieren wir die Gegen-Texte 11.33 und 11.40.

Merkmale der Verfremdungen

Die charakteristischen Intentionen und Formen der Verfremdungen dieses Bandes fassen wir in vier Merkmalen zusammen:

Neue Sprachformen heben die übergroße Vertrautheit auf

Zunächst einmal geht es in den Verfremdungen darum, die eingespielten Wahrnehmungsgewohnheiten des heutigen Lesers oder Hörers zu stören, dafür zu sorgen, daß das allzu Bekannte in neuem Licht erscheint. Dabei stützen sie sich auf die Verfremdungstheorie von Bertolt Brecht, die dieser im Blick auf die Erneuerung des Theaters entwickelte („V-Effekt"). Brecht beschreibt den geplanten Vorgang so: „Der V-Effekt besteht darin, daß das Ding, . . . auf welches das Augenmerk gerichtet werden soll, aus einem gewöhnlichen, bekannten . . . Ding zu einem besonderen, auffälligen, unerwarteten Ding gemacht wird (Schriften zum Theater. Werkausgabe Band 15, Frankfurt 1967, S. 355).

Wie kann diese Wirkung erzielt werden?
Vor allem durch Aufbrechen der bisherigen Sprachformen. Da ist zunächst einmal die Veränderung im Blick auf den Umfang des Bibeltextes zu nennen. Viele Verfremdungen verdichten ihre Vorlage, erregen dadurch Aufmerksamkeit und fördern die Konzentration. Beispiele: 11.3; 11.9; 11.14; 11.24. – Andere Texte erweitern ihre Vorlage. So entfaltet M. Fischer die Texte zu ausgreifenden Meditationen (11.49 und 54), die den Leser einladen, seine eigenen Erfahrungen ins Spiel zu bringen. – Eine interessante Form ist auch die Textkombination. Beispiel: Zenetti verknüpft das Gleichnis vom Gastmahl mit dem Text vom Weltgericht (Mt 25,31 ff.) und gewinnt eine überraschend neue Sicht. – Gelegentlich wählen die Autoren die Form der Fortsetzungsgeschichte: Das Gleichnis vom Verlorenen Sohn wird in die Inquisitionszeit fortgeschrieben (11.13); oder eine Blindenheilung erhält verschiedene Schlüsse und wird dadurch wieder frag-würdig (11.26).
Besonders interessante neue Zugänge zur biblischen Überlieferung eröffnet die *Kunst,* wenn man sie ernstnimmt und ihre eigene Sprache respektiert. Eine künstlerische Auseinandersetzung mit einem religiösen Inhalt will ja nicht ein vorgegebenes Thema veranschaulichen oder illustrieren, sondern sucht die eigene Perspektive. So bringt beispielsweise Falken in seiner Studie einen Rauschgiftsüchtigen gleichsam von innen her ins Bild (11.36); die Zusammenstellung mit der Heilung eines Besessenen wirft die Frage auf, welche Obsessionen heute Menschen unterwerfen und wer sie besiegen kann. – Oder Marie Marcks entlarvt mit weniger Strichen die Öde der verwalteten Welt (11.2), die darauf wartet, daß die messianische „Zeit der Freude“ störend und heilend einbricht.

Neue Perspektiven heben die Gewöhnung auf

Traditionellerweise nehmen wir die biblischen Texte in fest bestimmten Räumen und Zeiten wahr; ihr Ort ist die biblische Geschichte des Alten und Neuen Testaments – weit entfernt von unserer Lebenswelt. – Die meisten Verfremdungen strengen sich an, diese Vertrautheit aufzuheben und gleichzeitig den Abstand zu verringern, z. B. durch eine entsprechende Veränderung der Raum- oder Zeitperspektive. In unsere Gegenwart verlegen eigentlich alle das Geschehen. Natürlich geht es dabei nicht einfach um die Verlage-

rung des Schauplatzes der biblischen Geschichten, um einen Wechsel der Dekoration: Wenn z. B. K. Marti nach dem „Reich Gottes in der Schweiz“ fragt, entlarvt er, daß es im christlichen Europa sich nicht entfalten kann. Oder W. Willms verlegt die Wunder ins Ruhrgebiet (11.20); damit deckt er auf, wo heute Menschen entstellt und beschädigt sind, welche Hilfe sie brauchen und wie wir am Wunder mitarbeiten können.
Besonders interessante neue Sichtweisen ergeben sich immer dann, wenn die Perspektive im personalen Bereich wechselt: Nicht das Kind ist von einem bösen Geist besessen, sondern sein Vater wird von seinem Bankkonto unterjocht (11.34). Oder: Nicht der Weinbergbesitzer aus Mt 20 zeigt Güte, sondern die Arbeiter sind solidarisch – eine Anfrage an unsere eigene Lebenspraxis.

Provokationen brechen erstarrte Wahrnehmungsmuster auf

Nicht selten tragen verfremdende Texte und Bilder ihre Sache so pointiert vor, daß sie als Provokation empfunden werden, als Angriff auf die eigenen Gefühle, auf die Autorität der Schrift oder sogar auf die Ehre Gottes. Sehen wir uns einmal einen solchen provokanten Text an. Dorothee Sölle läßt eine „christliche Dame“ im Blick auf Mt 20 erstaunt fragen: „Aber warum soll alles neu verteilt werden?“ (11.40). Damit entlarvt sie, was bei uns als „normal“ gilt. Jetzt wird klar: Zielscheibe des Angriffs ist nicht die Bibel, sondern die Art, wie sie vielfach gebraucht – und damit mißbraucht – wird: Als erbauliche Rede, die von der Wirklichkeit unseres Alltags ganz unberührt bleibt; denn die richtet sich nach ganz anderen Gesetzen! – Ebenso entlarven einige Texte, daß die Kirche selbst dem Wachstum des Himmels auf Erden im Weg steht (Beispiele: 11.16; 11.50 und 52). – Solche Texte und Bilder wollen aus erstarrten Gewohnheiten zu einer neuen Begegnung mit dem biblischen Wort und mit uns selbst herauslocken – nichts anderes heißt ja pro-vozieren! Wo unsere Sichtweisen und Handlungsmuster verhärtet sind, schlägt eine Verfremdung auch einmal provozierend drein, um neues Leben anzuregen. Das sollten wir bedenken, wenn wir uns provoziert fühlen.

Verfremdungen motivieren uns, „Täter des Worts“ zu werden

Die Ankunft der Gottesherrschaft ist kein Ereignis, das wir allein von Gott erwarten dürfen; das zeigt sich beispielsweise an den Texten, die im Kapitel „Berufen zur Arbeit“ versammelt sind. Aber wir sollten die aktivierenden Tendenzen in vielen Bereichen der biblischen Tradition entdecken. Dazu regen zahlreiche Autoren an. Das zeigt sich besonders deutlich, wenn die Wunder aus der Exklusivität des Übernatürlichen herausgerückt werden: „wußten sie schon, daß die nähe eines menschen gesund machen, krank machen kann?“ fragt W. Willms (11.18). Oder Wolfdietrich Schnurre schreibt: „Du meinst, Wunder kriegt jeder fertig?“ „Jeder, der liebt“.

Wir sind am Ende unseres Rundgangs durch die Verfremdungen dieses Bandes. Die Texte und Bilder sind ans Ziel gekommen, wenn sie Überlieferung wieder frag-würdig werden ließen, Unruhe gestiftet und vielleicht einige Christen wieder ins Laufen gebracht haben.

Der Leser wird in diesem Band vielleicht manche wichtigen Stellen zum Thema vermissen. Es sind aber bereits viele Texte zu den Wundern und den Gleichnissen in einigen anderen Bänden veröffentlicht worden:
Wunder: Mt 11,1–6 (Band 2 und 4); Speisungswunder Mt 14,13–21 (Band 7).
Gleichnisse: Barmherziger Samariter Lk 10,25–37 (Band 3); Weltgericht Mt 25,31–46 (Band 3); Guter Hirte Lk 15,3–7 und Joh 10,11–15 (Band 4); Armer Lazarus Lk 16,19–31 (Band 7); Reicher Bauer Lk 12,26–21 (Band 7).

ZEIT DER FREUDE

11.1 Ja wenn

„Mutti, dieses Schaumbad
riecht so gut,
da würde ich am liebsten
ins Wasser beißen!“

Ach wenn doch
wir Theologen
von dieser Lebensfreude
uns etwas bewahrt hätten
vielleicht
brauchten wir dann nicht
so viele abstrakte Worte
um zu erklären
was Jesus meinte
wenn er sprach
vom Reich Gottes
dann hätten wir nämlich
Ahnung!

Christel Voß-Goldstein

11.2 Gleichnis

Das Reich Gottes gleicht einem Schüler, der über einen ins Schulzimmer verirrten Schmetterling entzückt ist und ihm hinterdrein springt. Er wird angeherrscht und streng verwiesen auf die Falterattrappe, die an der Tafel hängt. Aber er lässt nicht ab und trachtet nach einem Leben, das sich aufschwingt und farbig daherfliegt wie der wirkliche Schmetterling.

[1] Und am dritten Tage war eine Hochzeit zu Kana in Galiläa,
und die Mutter Jesu war dort. [2] Aber auch Jesus wurde zur
Hochzeit eingeladen und seine Jünger. [3] Und als der Wein
ausgegangen war, sagt die Mutter Jesu zu ihm: Sie haben
keinen Wein. [4] Und Jesus sagt zu ihr: Weib, was habe ich mit
dir zu schaffen? Meine Stunde ist noch nicht gekommen.
[5] Seine Mutter sagt zu den Dienern: Was er euch sagen wird,
das tut! [6] Es waren aber gemäß dem Reinigungsbrauch der
Juden sechs steinerne Wasserkrüge dort aufgestellt, die je
zwei oder drei Bath faßten. [7] Jesus sagt zu ihnen: Füllet die
Krüge mit Wasser! Und sie füllten sie bis oben. [8] Und er sagt
zu ihnen: Schöpfet jetzt und bringet es dem Speisemeister! Und
sie brachten es. [9] Als aber der Speisemeister das Wasser, das
Wein geworden war, gekostet hatte und nicht wußte, woher es
war – die Diener jedoch, die das Wasser geschöpft hatten,
wußten es – ruft der Speisemeister den Bräutigam [10] und sagt
zu ihm: Jedermann setzt zuerst den guten Wein vor, und wenn
sie trunken geworden sind, den geringern; du hast den guten
Wein bis jetzt aufgespart. [11] Dies tat Jesus als Anfang der
Zeichen zu Kana in Galiläa und offenbarte seine Herrlichkeit,
und seine Jünger glaubten an ihn.

Johannes 2,1–11

11.3

Die Hochzeit von Kana. – „Ich kann das nicht glauben", sagte einer zu dem großen Hieronymus, „das ist ja eine Unmenge Wein!" – Der große Bibelgelehrte antwortete nachdenklich: „Ja, wir trinken heute noch davon!"

Lothar Zenetti

11.4

ein orientalisches märchen
aus 1001 nacht
zauberhaft
aber keine zaubergeschichte
wir alle spielen mit
. . .
immer geht schon mal der wein aus
bei wem nicht
immer schon mal 'ne pleite
bei wem nicht
und man tut was man kann
man schöpft und schöpft
und schöpft aus wer weiß
welchem brunnen
manchmal bis zur erschöpfung
alles wird von uns erwartet
aber das letzte
das wunder
der springende punkt
daß dann doch noch alles gut geht

und besser als man dachte
das ist nicht unsere sache
seine stunde ist nicht unsre stunde

warten also
wenn man alles getan hat was man konnte
auf das wunder warten
wer nicht an wunder glaubt
ist kein realist
ohne wunder
ist die welt verschlossen
langweilig-logisch
tot-traurig

ohne wunder wird unsere zeit
nie zu einer hoch-zeit
hochzeit
worauf wir alle hoffen
. . .
solch ein verwandlungskünstler
wie er hier in dieser geschichte
als frohe botschaft
von einer kommenden welt vorgestellt wird
müßte man sein
der sich und andere verwandeln kann
zu immer besserem wein
für die große hochzeit der welt
auf die wir alle hoffen
vorläufig gilt ▸
was er euch sagt das tut
schöpfen schöpfen krüge füllen
mit dem was man hat
unsere tränen unsere sauren tage
unser bitteres
den essig von gestern
alles tun was man kann

und warten und hoffen
auf das wunder
„dem wunder leise die hand hinhalten
wie einem vogel"
das wunder wird sich
auf unsere hand setzen
vieles tun
und noch mehr lassen lassen
dann tut das gute
das wunder
vielleicht den sprung
über unsere erschöpfung hinweg
weit vor uns

Wilhelm Willms

11.5

Azaria Mbatha: Jesus in Kana (1965)

[8] *Oder welche Frau, die zehn Drachmen hat, zündet nicht,*
wenn sie eine *Drachme verliert, ein Licht an und kehrt das*
Haus und sucht mit Fleiß, bis sie sie findet? [9] *Und wenn sie sie*
gefunden hat, ruft sie ihre Freundinnen und Nachbarinnen
zusammen und sagt: Freuet euch mit mir! denn ich habe die
Drachme gefunden, die ich verloren hatte. [10] *So, sage ich*
euch, ist bei den Engeln Gottes Freude über einen *Sünder, der*
Buße tut.

Lukas 15,8–10

11.6 Habt Vertrauen und freut euch

im 40. Stockwerk des Wolkenkratzers
bündelt Fäden aus aller Welt eine mächtige Hand
Geldströme leitet sie über den Schreibtisch
den Augen genügt der Zufallsblick in die Tiefe
dort krabbeln die Menschenameisen
auf ihren befestigten Wegen
tragen Lasten, legen Vorräte an und sterben

den Macher oben
kennt Jesus nicht

bewundernswert sein Gedächtnis
die Gesetze gespeichert lückenlos und
tadelfrei angewandt seit Jahrzehnten
vor der Schranke die Angeklagte, entblößt
in den Kreuzverhören
ihr Fall beleuchtet von allen Seiten
die Milderungsgründe fegt der Gerechte vom Tisch
er wählt das Höchstmaß an Strafe

den harten Richter
kennt Jesus nicht

jeden Tag geht die Frau in fremde Häuser
erwartet von schmutziger Wäsche, staubigen Böden
Ungeduld
zehn Geldstücke bringt sie am Zahltag nach Hause
jedes braucht sie zum Überleben
und samstags fehlt eins davon
gehetzt stöbert sie in Fächern und Schüben
jede Tasse dreht sie um, jeden Teller
sie kniet auf dem Boden
verloren darf es nicht sein
unters Bett beugt sie sich, unter Schrank und Kasten
sie wühlt mit bloßen Händen im Abfall
nicht aufgeben, spricht sie sich zu
es ist fehlendes Brot
erschöpft
mit schmerzenden Gliedern, jagendem Herzen
sucht sie ein zweites, ein drittes Mal
schiebt den Besenstiel in den hintersten Winkel
die schmalste Spalte
und bringt zurück von Staub umhüllt

sie nimmt das Geldstück in die Hand
wischt es zärtlich ab
riecht das gute Brot
wirft die Müdigkeit fort, tanzt um den Tisch
klopft atemlos bei den Freundinnen an
weil sie teilen will und schenken
die Freude
den Dank
das Glück:
was verloren war, ist wiedergefunden

habt Vertrauen, sagt Jesus und freut euch
so mütterlich sucht und liebt euch
mein Vater

Christa Peikert-Flaspöhler

11.7 Die verlorene Münze

Einmal erzählte er ihnen dieses Gleichnis:
Wenn eine Frau mehr als zehn Drachmen hat und eine davon verliert, wird sie sich nicht die Mühe machen, eine Lampe anzuzünden und das ganze Haus zu fegen. Sie wird nicht lange suchen, bis sie das Geldstück gefunden hat, sondern sich vielmehr mit dem Verlust abfinden. Denn eine einzelne Drachme bedeutet ihr nicht viel, solange sie viele Drachmen hat.
Nach einer Pause fügte er dann die Bemerkung bei: Wer viel hat, der sucht nicht gern. Das, was er hat – oder zu haben glaubt –, hindert ihn daran.

Walter Rupp

11.8

Als jacob sein braunes lederbüchlein mit den adressen und
telefonnummern der letzten zehn jahre verloren hatte

Als jacob vier stunden lang vergeblich
das unterste zuoberst gekehrt hatte
fiel ihm die frau ein die
einen groschen verloren hatte
ohne den sie nicht sein mochte

Da erschrak er über sein suchen
seinen ärger und seine konzentration
weil die geschichte vom groschen
ein gleichnis ist für das reich gottes
das wir suchen sollen mit mindestens dem aufwand
den ein verlorenes notizbuch bringt

Dorothee Sölle

11 Er sprach aber: Ein Mann hatte zwei Söhne. 12 Und der
jüngere von ihnen sagte zum Vater: Vater, gib mir den Teil des
Vermögens, der mir zukommt! Der aber verteilte seine Habe
unter sie. 13 Und nicht viele Tage darnach nahm der jüngere
Sohn alles mit sich und zog hinweg in ein fernes Land, und
dort vergeudete er sein Vermögen durch ein zügelloses Leben.
14 Nachdem er aber alles durchgebracht hatte, kam eine
gewaltige Hungersnot über jenes Land, und er fing an,
Mangel zu leiden. 15 Und er ging hin und hängte sich an einen
der Bürger jenes Landes; der schickte ihn auf seine Felder,
Schweine zu hüten. 16 Und er begehrte, seinen Bauch mit den
Schoten zu füllen, die die Schweine fraßen; und niemand gab
sie ihm. 17 Da ging er in sich und sprach: Wie viele Tagelöh-
ner meines Vaters haben Brot im Überfluß, ich aber komme
hier vor Hunger um! 18 Ich will mich aufmachen und zu
meinem Vater gehen und zu ihm sagen: Vater, ich habe
gesündigt gegen den Himmel und vor dir; 19 ich bin nicht mehr
wert, dein Sohn zu heißen; stelle mich wie einen deiner
Tagelöhner! 20 Und er machte sich auf und ging zu seinem
Vater. Als er aber noch fern war, sah ihn sein Vater und fühlte
Erbarmen, lief hin, fiel ihm um den Hals und küßte ihn. 21 Der
Sohn aber sprach zu ihm: Vater, ich habe gesündigt gegen den
Himmel und vor dir; ich bin nicht mehr wert, dein Sohn zu
heißen. 22 Doch der Vater sagte zu seinen Knechten: Bringet
schnell das beste Kleid heraus und ziehet es ihm an und gebet
ihm einen Ring an die Hand und Schuhe an die Füße, 23 und
holet das gemästete Kalb, schlachtet es und lasset uns essen
und fröhlich sein! 24 Denn dieser mein Sohn war tot und ist
wieder lebendig geworden, er war verloren und ist wiederge-
funden worden. Und sie fingen an, fröhlich zu sein.
25 Sein älterer Sohn aber war auf dem Felde; und als er kam
und sich dem Hause näherte, hörte er Musik und Reigentanz.
26 Und er rief einen der Knechte herbei und erkundigte sich,

*was das sei. 27 Der aber sagte ihm: Dein Bruder ist gekom-
men, und dein Vater hat das gemästete Kalb geschlachtet,
weil er ihn gesund wiedererhalten hat. 28 Da wurde er zornig
und wollte nicht hineingehen. Doch sein Vater kam heraus
und redete ihm zu. 29 Er aber antwortete und sagte zum Vater:
Siehe, so viele Jahre diene ich dir und habe nie ein Gebot von
dir übertreten; und mir hast du nie einen Bock gegeben, damit
ich mit meinen Freunden fröhlich wäre. 30 Nun aber dieser
dein Sohn gekommen ist, der deine Habe mit Dirnen aufge-
zehrt hat, hast du ihm das gemästete Kalb geschlachtet. 31 Da
sagte er zu ihm: Kind, du bist allezeit bei mir, und alles, was
mein ist, ist dein. 32 Du solltest aber fröhlich sein und dich
freuen; denn dieser dein Bruder war tot und ist lebendig
geworden, und [war] verloren und ist wiedergefunden wor-
den.*

Lukas 15,11–32

11.9 Fata Morgana

Es wäre schön, wenn
alle, die noch
leben,
lebten.

Hans Stilett

11.10

Merke. Der heimgekehrte Sohn ist nicht der Heimkehr wegen ein Gleichnis, sondern der Fremde wegen, die ihm den Heimkehrgedanken nahegelegt hat.

Wolfdietrich Schnurre

11.11 gleichnis in der progression

verlorener
als der verlorene sohn
im elend
verlor sich
der sohn
des verlorenen sohnes
im überfluß

er landete
nicht am schweinekoben
sondern hoch oben

statt von trebern im kummer
nährt er sich lustvoll
mit spargelspitzen und hummer

verlorener
als der verlorene sohn
und die seinen
wartet
des sohnes
verlorener vater
bei hirten und schweinen

Kurt Marti

11.12

Ernst Barlach: Das Wiedersehen (1918, Detail)

11.13 Gleichnis und Variation

Auch die Väter der Inquisition
verglichen sich mit dem gütigen
Vater aus jenem Gleichnis
und drückten die reuig
zurückkehrenden Söhne an ihr
von brennender Sorge erfülltes Herz,
bis die Söhne – denen zuvor
alles vergeben war – auf den Scheiten,
die die Nacht zur Neuzeit erhellten,
Feuer fingen.

Die Väter der Inquisition: allesamt
geschnitzt aus dem imprägnierten,
unentflammbaren Holz des ewigen
älteren Bruders.

Jürgen Rennert

11.14 Umwege

Ein Mensch
hatte zwei Söhne
die sich verloren und Wege
und Umwege machten
Der Mensch
lädt beide zum Fest
das Ende der Umwege
zu feiern
Er hatte sie nie verloren.

Kurt Wolff

15 *Als aber einer der Tischgenossen dies hörte, sagte er zu*
ihm: Selig ist, wer am Mahl im Reiche Gottes teilnehmen wird.
16 *Er aber sprach zu ihm: Ein Mann veranstaltete ein großes*
Gastmahl und lud viele ein. 17 *Und zur Stunde des Gastmahls*
sandte er seinen Knecht, den Eingeladenen zu sagen: Kom-
met, denn es ist nun bereit! 18 *Und alle fingen gleichermaßen*
an, sich zu entschuldigen. Der erste sagte zu ihm: Ich habe
einen Acker gekauft und muß notwendig hinausgehen und ihn
besichtigen; ich bitte dich, sieh mich als entschuldigt an!
19 *Und ein andrer sagte: Ich habe fünf Joch Ochsen gekauft*
und gehe hin, um sie zu prüfen; ich bitte dich, sieh mich als
entschuldigt an! 20 *Noch ein andrer sagte: Ich habe eine Frau*
genommen und kann deshalb nicht kommen. 21 *Und der*
Knecht kam und berichtete dies seinem Herrn. Da wurde der
Hausherr zornig und sagte zu seinem Knecht: Geh schnell
hinaus auf die Straßen und Gassen der Stadt und führe die
Armen und Krüppel und Blinden und Lahmen hier herein!
22 *Und der Knecht sagte: Herr, es ist geschehen, was du*
befohlen hast und es ist noch Raum vorhanden. 23 *Da sagte*
der Herr zu dem Knecht: Geh hinaus auf die Landstraßen und
an die Zäune und nötige sie, hereinzukommen, damit mein
Haus voll werde! 24 *Denn ich sage euch: Keiner jener Män-*
ner, die eingeladen waren, wird mein Gastmahl zu kosten
bekommen. Lukas 14,15–24

11.15

... Sie kamen alle. Es wurde ein schönes Fest.
Matthaios sagte: Die Geschichte läuft aber anders, ich kenne sie von den Persern. Die Eingeladenen wollten nicht kommen, weil sie dem Gastgeber nicht trauten, wer weiß warum, sie witterten eine Falle vielleicht. Jedenfalls: sie erschlugen die Boten. Und dann, Aug um Aug, Zahn um Zahn, schickte der

Gastgeber andre Boten, und die erschlugen nun ihrerseits diejenigen, welche die ersten Boten erschlagen hatten.
Das ist, sagte Jeschua, nicht meine Geschichte.
Jehuda sagte: Ich verstehe nicht, warum der Mann Leute einlädt, von denen er wissen kann, daß sie nicht kommen. Er ist so töricht wie der Bauer, der Korn auf Felsen sät. Man muß doch die Menschen kennen, man muß mit ihrer Bosheit rechnen. Die Erde ist kein Paradies, wo das Lamm neben dem Löwen schläft.
Ja, sagte Jeschua, man muß die Menschen kennen, du hast recht, Jehuda. Aber was heißt: einen Menschen kennen?
Dabei schaute er Jehuda an auf eine Art, die mir einen kalten Schauer über den Rücken jagte, und wir alle fühlten eine Beklemmung wie von Atemnot.
Nur Jehuda allein schien nichts Besonderes zu fühlen. Er sagte trocken: Wissen möchte ich, wie die Geschichte wirklich ausging. Sie hat wohl gar kein Ende. Die Leute von der Straße, die Armen, die Verachteten, hatten durch eine Laune des Reichen einen schönen Abend, sie aßen sich satt, sie tranken Wein statt Wasser. Gut. Und dann? Dann wurden sie wieder hinausgeschickt, und alles blieb für sie beim alten. Die Landlosen blieben ohne Land, die Kranken blieben krank, die Bettler arm. Was ich wissen möchte, ist: was tat der Reiche nach dem Fest? Darauf nämlich kommts an. Hat er es wiederholt, hat er sein Haus nun immer offengehalten für die Armen, hat er etwas getan, um der Armut aufzuhelfen? Deine Geschichte, Rabbi, sie macht mir Unbehagen. Soll man vielleicht diesen Reichen loben, weil er einmal gut war? Und seine Güte war nicht einmal gut. Sie ist nichts als Enttäuschung und Rache.
Jehuda, sagte Jeschua, du redest am Kern vorbei, und du weißt das.
Jeduda schwieg verstockt.
Jeschua aber blieb bei dieser Sache. Es wurde klar, daß er uns eine Wahrheit einhämmern wollte. Aber welche?

Luise Rinser

11.16 Das Festmahl

Ein Mann wollte ein großes Festmahl halten. Er sagte zu seinen Dienern: Geht auf die Straße und Gassen! Holt die Armen und die Krüppel, die Blinden und die Lahmen herbei! Keiner soll ausgenommen sein.

Die Diener taten so und luden alle ein. Aber es kamen nur die wenigen, die Hunger hatten. Da berieten die Diener miteinander, was geschehen muß, daß die Geladenen kommen, und sie meinten:

Man sollte dem Festmahl einen feierlichen Rahmen geben und den Verlauf in allen Einzelheiten regeln. Dann luden sie wieder ein und fügten ihrer Einladung die Mahnung bei: das Kommen sei nicht freigestellt, die Geladenen müßten kommen. Wer der Einladung nicht folge, müsse mit einer Strafe rechnen.

Wiederum kamen nur wenige. Man merkte ihnen an, wie unwohl sie sich fühlten und wie schwer es ihnen fiel, mit den Fremden, mit denen sie sonst nichts gemeinsam hatten, an einem Tisch zu sitzen.

Die Diener waren ratlos und sagten zueinander: Vielleicht sollten wir alles anders machen. Bieten wir etwas Besonderes! Etwas, was Neugier weckt! Und sie reichten erlesene Speisen und köstliche Getränke, die sonst nirgends angeboten werden.

Aber auch dieses Mal blieben die Geladenen weg. Sie sagten: Sie hätten keine Lust zu feiern. Sie hätten zudem nach den Speisen, die angeboten werden, keinen Appetit.

Seitdem wagen sich die Diener nicht mehr auf die Straßen und die Gassen. Sie halten nur noch Festmahl mit ausgewählten Gästen. Sie können nicht mehr glauben, daß aus dem kleinen vielleicht doch noch ein großes Festmahl wird.

Walter Rupp

11.17 Das Gewand

Jesus erzählte viele Geschichten vom Reich Gottes, und er fand immer neue Vergleiche, um es zu beschreiben:
„Wenn ihr die kommende Herrschaft Gottes verstehen wollt, dann stellt euch einen König vor. Der bereitete eines Tages für seinen Sohn die Hochzeit, und er schickte seine Diener aus, um die Gäste einzuladen. Alles ist bereit, sollten sie sagen, kommt nun zur Hochzeit! Doch die, die er eingeladen hatte, kümmerten sich nicht darum, sondern gingen ihrer Wege. Der eine auf sein Landgut, der andere in seinen Laden, und alle hatten sie Wichtigeres zu tun. Ja, es kam vor, daß sie ärgerlich wurden und die Diener des Königs mit wüsten Beschimpfungen davonjagten. Als der König das hörte, wurde er zornig, und er befahl seinen Dienern, sie sollten an die Straßenkreuzungen gehen und alle, die sie da fanden, zur Hochzeit bitten. So kamen sie denn, Gute und Böse, und der Saal füllte sich mit Gästen. Da trat der König herein, und er traute seinen Augen nicht, als er einen Mann sah, der kein festliches Gewand angezogen hatte. ‚Freund', sagte der König zu ihm, ‚wie konntest du in einer so schäbigen Kleidung hier erscheinen? Weißt du überhaupt, wo du dich befindest?'
Der so Angesprochene senkte den Kopf und schwieg beschämt. Schließlich sagte er: ‚Herr, ich weiß . . . Aber als ich auf dem Weg hierher war, sah ich am Straßenrand einen Bettler, der nur Lumpen am Leibe trug. Er tat mir leid, und so gab ich ihm mein Gewand und nahm ihn mit hierher. Und ich zog seine Lumpen an. Bei mir kommt es nicht so darauf an, dachte ich, weil ich ja eingeladen war.' – Und in diesem Augenblick trat der Bettler vor, in einem festlichen Gewand, und verneigte sich tief. Da gebot der König: ‚Setze dich zu meiner Rechten, du Mann in Lumpen. Denn was du einem der Geringsten in meinem Land getan hast, das hast du auch für mich, den König dieses Landes, getan.' – Den Bettler aber hieß er auf der anderen Seite neben sich Platz nehmen."

Lothar Zenetti

BEFREIUNG UND HEILUNG

11.18

wußten sie schon
daß die nähe eines menschen
gesund machen
krank machen
tot und lebendig machen kann
wußten sie schon
daß die nähe eines menschen
gut machen
böse machen
traurig und froh machen kann
wußten sie schon
daß das wegbleiben eines menschen
sterben lassen kann
daß das kommen eines menschen
wieder leben läßt
wußten sie schon
daß die stimme eines menschen
einen anderen menschen
wieder aufhorchen läßt
der für alles taub war
wußten sie schon
daß das wort
oder das tun eines menschen
wieder sehend machen kann
einen
der für alles blind war
der nichts mehr sah
der keinen sinn mehr sah in dieser welt
und in seinem leben
wußten sie schon
daß das zeithaben für einen menschen
mehr ist als geld
mehr als medikamente

unter umständen mehr
als eine geniale operation
wußten sie schon
daß das anhören eines menschen
wunder wirkt
daß das wohlwollen zinsen trägt
daß ein vorschuß an vertrauen
hundertfach auf uns zurückkommt
wußten sie schon
daß tun mehr ist als reden
wußten sie das alles schon
wußten sie auch schon
daß der weg vom wissen über das reden
zum tun
interplanetarisch weit ist

Wilhelm Willms

11.19

„Und was ist mit den Wundern?"
Vater lief erst ein paarmal im Nachthemd im Zimmer herum und rieb sich fröstelnd die Oberarme dabei. Dann blieb er dicht vor mir stehen.
„Liebst du die Menschen?" Er schien die Luft anzuhalten; man hörte auf einmal seinen Atem nicht mehr.
„Hör mal", sagte ich, „wo wir so viel nette kennen."
„Also." Vater atmete aus und stieg wieder ins Bett.
„Was heißt ‚also'?" fragte ich.
„‚Also' heißt, dann kannst du auch Wunder vollbringen."
Ich hatte auf einmal Herzklopfen bekommen. „Du meinst, Wunder kriegt jeder fertig?"
„Jeder, der liebt", verbesserte Vater und boxte sich sein Kissen zurecht.

Wolfdietrich Schnurre

2 Als aber Johannes im Gefängnis von den Werken Christi
hörte, ließ er ihm durch seine Jünger sagen: 3 Bist du es, der
da kommen soll, oder sollen wir auf einen andern warten?
4 Und Jesus antwortete und sprach zu ihnen: Gehet hin und
berichtet dem Johannes, was ihr hört und seht: 5 „Blinde
werden sehend“ und Lahme gehen, Aussätzige werden rein
und Taube hören, Tote werden auferweckt und „Armen wird
die frohe Botschaft gebracht“, 6 und selig ist, wer an mir
keinen Anstoß nimmt. Matthäus 11,2–6

11.20 lied für blinde lahme taube

der blinde mann
von jericho
der kann nun wieder sehn
der lahme aus jerusalem
der kann nun wieder gehn

in köln und auch
in wuppertal
sind leute blind und lahm
es fehlt der eine der sie sieht
wie damals einer kam

er sah sie an
mit einem blick . . .
und nahm sie bei der hand
er sprach dabei ein neues wort
wie keiner spricht im land

so gehen viele
blind daher
und lahm und stumm und taub
und manche laufen *tot* herum
und stehen nicht mehr auf

es fehlt der eine
der sie weckt
der hört und spricht und merkt
der eine der sich selbst vergißt
der andre heilt und stärkt

wann kommt der eine
noch einmal
vielleicht auch zwei und drei
nach afrika amerika
zu uns in die türkei

wann kommt der eine
noch einmal
vielleicht ne ganze flut
nach überall und allezeit
so einer tät uns gut

Wilhelm Willms

11.21

Es liegt mir wie du bemerkt hast
an abbau
wunderbare brote gehorsame welten
selbst die totenbettchen der kinder
die da schliefen
es ist geläufig
in den geschichten älterer völker

Reduziere ihn ruhig und nimm ihm
die brote den see und die kranken
du bekommst sie zurück
wenn du anfängst
mit seinen augen zu sehen

jeden tag
machen sich lahme auf den weg
zu seinem reich
gehen den blindgemachten
die augen auf

Alle seine wunder
werden zur natürlichsten sache der welt
unserer sache

Dorothee Sölle

11.22 blinde sehen krüppel tanzen stumme singen freudenlieder

mut
mein sohn
sagt jesús zu dem gelähmten
mut
meine tochter
zur blutflüssigen
zu den blinden
euch geschehe
wie ihr geglaubt

heilung durch anfassen
heilung durch großes geschrei
heilung durch aufdringlichkeit
auf einer bahre
durch das abgedeckte dach
vor seine füße
den gelähmten mann

ich will
sei rein
zum glauben des aussätzigen

dein knecht ist gesund
zum beispiellosen glauben des ungetauften hauptmanns
deiner tochter geht's gut
zum unerschütterlichen glauben der kanaanäischen frau
in der gegend von tyrus und sidon

zornige heilung der verdorrten hand am sabbat
nicht für das gesetz ist der mensch
es ist für den menschen
was ist leichter zu sagen
ihr heuchler
deine sünden sind dir vergeben
oder
geh
lahmer mann
geh
beides sagt der menschensohn
sündenlos springt der lahme nach hause

gesund der fallsüchtige knabe
gesund der mann am betesda
der seit achtunddreißig jahren krank ist
gesund die zehn aussätzigen an der grenze von samaria
und galiläa
vom fieber gesund die schwiegermutter des petrus
sie deckt ihm den tisch

krank
ein junge aus nain
er stirbt seiner mutter unter den händen
er hebt ihn auf
gibt ihn zurück
lebendig

krank
des jairus tochter
sie stirbt unter klagegeschrei der weiber
die flötenspieler spielen schon
er aber sagt nur
sie schläft
und weckt sie

krank der freund lazarus
gestorben
im grab schon
riechend
er aber schreit
lazarus
komm
und lazarus kommt

blinde sehen
krüppel tanzen
stumme singen freudenlieder
wenn jesús durch die stadt geht
durch die barria von recife
durch die randgeschwüre der großstädte
durch die gassen in panama-city
in santiago
in tegucigalpa
in rio und sao paulo
aus den hinterhöfen schreien die kranken
aus den fenstern im dritten stock
aus den bretterbuden neben der weißen kathedrale
in port-au-prince
jesús
erbarme dich unser

jesús hört alle
und die mit ihm sind
hören alle
und keiner kann sagen
ich habe nichts gehört
und keiner kann sagen
ich habe nichts gesehen
und keiner kann sagen
ich habe nichts gewußt
und alle wissen
in wessen namen geholfen werden kann

Kurtmartin Magiera

22 *Und sie kamen nach Bethsaida. Und man brachte ihm einen*
Blinden und bat ihn, daß er ihn anrühre. 23 *Und er nahm den*
Blinden bei der Hand und führte ihn vor das Dorf hinaus. Und
nachdem er ihm in die Augen gespieen und ihm die Hände
daraufgelegt hatte, fragte er ihn: Siehst du etwas? 24 *Und er*
blickte auf und sagte: Ich sehe die Menschen, denn Wesen wie
Bäume sehe ich umhergehen. 25 *Hierauf legte er ihm die*
Hände nochmals auf die Augen; und er blickte scharf hin und
wurde wiederhergestellt und sah alles deutlich. 26 *Und er*
schickte ihn in sein Haus und sagte: Nicht einmal ins Dorf
hinein sollst du gehen.

Markus 8,22–26

46 *Und sie kamen nach Jericho. Und als er und seine Jünger*
und viel Volk von Jericho hinwegzogen, saß der Sohn des
Timäus, Bartimäus, ein blinder Bettler, am Wege. 47 *Als der*
hörte, daß es Jesus der Nazarener sei, fing er an zu schreien:
Sohn Davids, Jesus, erbarme dich meiner! 48 *Und es bedroh-*
ten ihn viele, er solle schweigen; er schrie jedoch noch viel
mehr: Sohn Davids, erbarme dich meiner! 49 *Und Jesus stand*
still und sagte: Rufet ihn! Und sie rufen den Blinden und sagen
zu ihm: Sei getrost, steh auf; er ruft dich! 50 *Der aber warf*
seinen Mantel ab, sprang auf und kam zu Jesus. 51 *Und Jesus*
begann und sprach zu ihm: Was willst du, daß ich dir tun soll?
Der Blinde aber sagte zu ihm: Rabbuni, daß ich wieder sehen
kann. 52 *Da sprach Jesus zu ihm: Geh hin; dein Glaube hat*
dich gerettet. Und alsbald sah er wieder und folgte ihm auf
dem Wege nach.

Markus 10,46–52

11.23

Paul Holz, Blinder Bettler (1928)

11.24 Anruf

Jesus ist unterwegs
Ein Mann ruft ihn an
Ich sehe keinen Weg
Blind bin ich
Jesus verschafft ihm
eine neue Sicht
und sagt
Sie haben gut daran getan
mich anzurufen

Kurt Wolff

11.25 Bartimäus

Ich bin der, welchen er
sehend machte.

Was sah ich? Am Kreuz
ihn, hingerichtet,

ihn, hilfloser als ich war,
ihn, den Helfer, gequält.

Ich frage: Mußte ich meine
Blindheit verlieren, um das
zu sehn?

Rudolf Otto Wiemer

11.26 Und dann sah er zu gut

Erste Variation
„Und sie kamen nach Bethsaida. Und sie brachten einen Blinden und baten ihn, daß er ihn anrührte. Und er nahm den Blinden bei der Hand und führte ihn hinaus vor das Dorf. *Und er fragte ihn: „Bist du hier schon einmal gewesen?" Und der Blinde antwortete und sprach: „Nein, Herr, noch nie habe ich mein Dorf verlassen!" Und er sprach: „Wen wundert es dann, daß du blind bist?! Du kannst sehen!" Nur:* „Gehe nicht *wieder* hinein in das Dorf!"

Zweite Variation
„Und sie kamen nach Bethsaida. Und sie brachten einen Blinden und baten ihn, daß er ihn anrührte. Und er nahm den Blinden bei der Hand und führte ihn hinaus vor das Dorf. *Und er fragte ihn: „Bist du hier schon einmal gewesen?" „Und der Blinde antwortete und sprach: „Nein, Herr, noch nie habe ich mein Dorf verlassen!" Und Jesus fragte: „Warum nicht?" Da antwortete der Blinde: „Es ist bei uns nicht üblich. Zum andern kenne ich im Dorf jeden Stein und jede Ritze. Und zum dritten: Vor dir hat mich noch nie jemand hinausgeführt."*
Und Jesus antwortete: „Und dann wundert es dich, daß du blind bist?! Mache deine Augen auf und schaue dich um!"
Und er sah um sich, und siehe, am Berghang über dem Dorf hing ein riesiger Felsen, der jeden Augenblick das Dorf zu zerstören drohte, von Süden näherten sich Wasser, die jeden Augenblick das Dorf überfluten konnten, und im Osten sah er einen Brand, dessen Funken bis an den Rand des Dorfes flogen.
Und Jesus sagte: „Du siehst deutlich und bist wieder zurechtgebracht und kannst alles scharf sehen!" und er sprach: „Gehe nicht hinein in das Dorf!"

Dritte Variation

„Und sie kamen nach Bethsaida. Und sie brachten zu ihm einen Blinden und baten ihn, daß er ihn anrührte. Und er nahm den Blinden bei der Hand und führte ihn hinaus vor das Dorf und tat Speichel auf seine Augen und legte seine Hände auf ihn und fragte ihn: „Siehst du etwas?“

Und er sah auf und sprach: „Ich sehe die Menschen umhergehen, als sähe ich Bäume.“ *Und Jesus sprach: „Du siehst mehr als dir guttut!* Gehe nicht *wieder* hinein in das Dorf!“

Ich bin natürlich doch gegangen, leider. „Leute, ich kann sehen“, rief ich schon von weitem, „ich kann sehen!“

Da liefen sie alle zusammen und führten mich auf den Marktplatz. „Was siehst du? Sag, was siehst du?“ rief der Weinbergbesitzer und stellte sich vor mich. „Oh“, rief ich erschreckt, „einen Efeu sehe ich, ja, einen Efeu, der sich windet und alles in seiner Umgebung erstickt!“ Die Leute wurden still. Der Weinbergbesitzer lief rot an (so hat mir später jemand erzählt). Dann sagte er: „Er hat den Verstand verloren.“ „Laß mich nur machen“, meinte da der Bürgermeister, „das ist wahrscheinlich nur der Schock!“ Er wandte sich zu mir, stellte sich vor mich und fragte: „Was siehst du?“ Ich war immer noch arglos. „Eine Birke“, stieß ich hervor, „eine Birke, die sich hin und her im Winde wiegt.“ Ich hörte ein paar Leute lachen – wußten doch alle, daß der Bürgermeister es sich mit keinem verderben wollte, mit den Römern nicht und nicht mit den Zeloten. „Er hat tatsächlich den Verstand verloren!“ sagte der Bürgermeister eisig.

Langsam begriff ich. Dabei hatte ich nur gesagt, was ich gesehen hatte. Vor mir sah ich einen dunkel drohenden Wald und wußte: Das sind deine Dorfgenossen!

„Im Namen des Allmächtigen“, rief da einer. Ich kannte die Stimme, es war der Synagogenvorsteher. „Laßt uns eine endgültige Probe machen! Auf drei Zeugen soll ein Urteil gründen.“

Er kam zu mir: „Bar Nathan, was siehst du?“ Ich schwieg. „Ich beschwöre dich bei dem Lebendigen: Sage, was du

siehst!" Ich schwieg. Ich wußte, wenn ich sage: „Einen Dornenstrauch!", dann war es um mich geschehen.
Alle Drohungen und Lockungen des Vorstehers halfen nichts, ich schwieg um mein Leben. Endlich gab er auf und wandte sich an die andern: „Ihr seid die Zeugen! Bar Nathan ist entweder blind geblieben oder stumm geworden oder verrückt. Wahrscheinlich stimmt alles drei!" Langsam verlief sich die Menge.
In den folgenden Wochen fragte mich immer wieder mal der eine oder andere, der mir eine Münze gab: „Was siehst du?" Und ich schwieg. Nach ein paar Monaten ließen sie mich in Ruhe. Es hat lange gedauert, bis ich begriffen habe: Der aus Nazareth hatte mir seine Sicht gegeben. Ich sah die Menschen, wie sie waren, sah ihr Inneres, nicht ihr Äußeres.
Ich schweige. Er aber redet weiter, so erzählt man mir. Wie das enden wird, weiß ich.

Helmut Siegel

25 Und es war eine Frau, die litt zwölf Jahre am Blutfluß,
26 und sie hatte viel durchgemacht mit vielen Ärzten und all ihr
Gut aufgewendet, und es hatte ihr nichts geholfen, sondern es
war vielmehr schlimmer mit ihr geworden. 27 Als sie von Jesus
gehört hatte, kam sie unter dem Volke von hinten herzu und
rührte sein Kleid an. 28 Denn sie sagte: Wenn ich auch nur
seine Kleider anrühre, werde ich gesund werden. 29 Und
alsbald versiegte der Quell ihres Blutes, und sie spürte es am
Leibe, daß sie von ihrer Qual geheilt war. 30 Und alsbald
spürte Jesus an sich selbst, daß eine Kraft von ihm ausgegan-
gen war, wandte sich unter dem Volke um und sagte: Wer hat
meine Kleider angerührt? 31 Und seine Jünger sagten zu ihm:
Du siehst, wie das Volk dich umdrängt, und sagst: Wer hat
mich angerührt? 32 Und er blickte umher, um die zu sehen,
welche dies getan hatte. 33 Die Frau aber kam mit Furcht und
Zittern, weil sie wußte, was ihr geschehen war, warf sich vor
ihm nieder und sagte ihm die ganze Wahrheit. 34 Er aber
sprach zu ihr: Meine Tochter, dein Glaube hat dich gerettet.
Geh hin in Frieden und sei von deiner Qual gesund!

Markus 5,25–34

11.27 Im Heil verbunden

Jesus
als die kranke Frau dein Kleid berührte
ängstlich tastend
weil sie Furcht und Hoffnung spürte
schwieg für dich die laute Menge;
im Gedränge fühltest du
daß dir Kräfte ungewollt entglitten:
Antwort auf vertrauensvolles Bitten.
Beides Herzensströme
die den Menschen fanden
dich und sie
im Heil verbanden
ehe Worte zwischen euch entstanden.

Christa Peikert-Flaspöhler

11.28 Namenlose

Dein Glaube
hat dir geholfen
Blutende
ein Glaube
nicht Berge zu versetzen
ein Glaube vielmehr
Gesetze zu brechen
Männergesetze

Verzweiflungshoffnung
hat dich befreit
aus Isolation von Verachtung
du eine Frau in der Menge
verständnisloser Jünger
hast sie überwunden
geheilt der verborgene Quell
deines Leides nicht nur

gefordert gerufen bist du
steh zu deinem Mut
steh es durch
diese Gesellschaft
deine unsere
steh bei uns

Christel Voß-Goldstein

*31 Und nachdem er das Gebiet von Tyrus wieder verlassen
hatte, kam er über Sidon an den galiläischen See mitten in das
Gebiet der Zehn Städte. 32 Und sie brachten einen Tauben zu
ihm, der kaum reden konnte, und baten ihn, ihm die Hand
aufzulegen. 33 Und er nahm ihn vom Volk weg beiseite, legte
ihm die Finger in die Ohren und berührte ihm die Zunge mit
Speichel, 34 blickte zum Himmel auf, seufzte und sprach zu
ihm: Ephatha, das heißt: tu dich auf! 35 Da taten sich seine
Ohren auf, und die Bindung seiner Zunge löste sich, und er
redete richtig. 36 Und er gebot ihnen, daß sie es niemandem
sagen sollten; aber soviel er es ihnen gebot, um soviel mehr
machten sie es kund. 37 Und sie erstaunten im höchsten Maß
und sprachen: Er hat alles wohl gemacht, und die Tauben
macht er hören und die Stummen reden.*

Markus 7,32–37

11.29 Das Wunderbare am Wunder

Zumeist sind wir Taubstummen stumm, weil wir taub sind. Das Manko des einen Organs bedingt das Manko des anderen. Wir hören nicht, wie sollen wir sagen? Wir sehen nicht, wie sollen wir glauben?

Christus unternimmt etwas. Gegen alle Vernunft und Erfahrung. Findet sich nicht so leicht ab. Tut etwas mit seinen Händen. Redet mit den Leuten, obwohl er weiß, daß sie taub sind. Liebt sie. Legt seine Finger direkt auf die Wunden ...

Das Wunderbare am Wunder ist nicht seine Unerklärbarkeit, sondern die Durchsichtigkeit der Formulierungen, die es als geschehen umschreiben.

Und dann geschieht es.

Jürgen Rennert

11.30

Alexander Alfs: Heilung des Taubstummen (1967)

11.31

als jesus
den stummen heilte
ja . . . was da?!
da ist er ganz nahe herangegangen
an diesen stummen menschen
hat ihn umarmt
hat sich nicht distanziert verhalten
ist nicht wie ein psychotherapeut
nicht wie ein medizinmann
nicht wie ein seelsorger
mit vollmacht vom amt aufgetreten
wie ein mensch
ist er ganz nahe herangegangen
und hat mit dem finger
speichel aus seinem mund genommen
und den speichel
dem stummen auf die zunge gestrichen
ganz konkret
furchtbar konkret
bah . . . speichel!
wo bleibt da die hygiene
das gesundheitsamt muß einschreiten
aber
was ist bei verliebten „bah . . .“
und diese ungeheure menschliche nähe
diese nicht gespielte zuneigung
löste und erlöste den stummen
das ist erlösung!!
wenn einer so kommt –
da tat der stumme seinen mund auf

das alles vorher war vielleicht
wortlos zugegangen
wie liebesspiele wortlos vor sich gehen
und jetzt spricht auch jesus mit ihm
dem nicht mehr stummen
und sie verstehn sich
und von da an
wagte der stumme
wieder mit menschen zu sprechen
weil er einem menschen begegnet war
denn
sprechen ist ein wagnis
wenn es nicht bloßes plappern sein soll
nichtssagendes plappern
wirkliches sprechen
ist ein wagnis
dieser stumme
wagte wieder den mund aufzutun
weil er einen menschen gegenüber hatte
dem er sich öffnen konnte
ohne gedemütigt zu werden
deshalb wagte er wieder
den mund aufzutun

Wilhelm Willms

11.32 Hephata

Ich bin taub –
die Leere in meinem Ohr
ist schwarz wie eine verfaulende Frucht.

Ich bin stumm –
ein schwerer Stein meine Zunge im Mund.
Nie kann ich dich rufen.

Ich verstehe aber die Sprache der Haut.
Wenn einer mich anfaßt,
unterscheide ich:
warm und kalt,
zart und fest,
gut und böse.

Der, zu dem sie mich brachten,
war gut.
In meine toten Ohren
griff er mit den Händen der Liebe.
Wie ein Kuß
war mir sein Speichel am Mund
und ich sah,
wie er seufzte.

Da löste sich das Band meiner Zunge
und die Ohren,
die tauben Ohren,
vernahmen.

Er befahl mir zu schweigen davon.
Aber sag selbst, Herr:
Wie soll ich nicht singen von dir,
daß du meine Lippen befreist.

Friederike Nestler

1 Und sie kamen ans jenseitige Ufer des Sees in die Landschaft
der Gerasener. 2 Und als er aus dem Schiff gestiegen war,
kam ihm alsbald von den Grüften her ein Mensch mit einem
unreinen Geist entgegen, 3 der seine Wohnung in den Grüften
hatte. Und niemand konnte ihn mehr fesseln, auch nicht mit
einer Kette; 4 denn oft war er in Fußfesseln und Ketten
geschlossen gewesen, und die Ketten waren von ihm zerissen
und die Fußfesseln zerrieben worden, und niemand vermochte
ihn zu bändigen. 5 Und er war allezeit, Tag und Nacht, in den
Grüften und auf den Bergen, schrie und schlug sich mit
Steinen. 6 Und als er Jesus von ferne sah, lief er und warf sich
vor ihm nieder 7 und schrie mit lauter Stimme: Was habe ich
mit dir zu schaffen, Jesus, du Sohn Gottes, des Höchsten? Ich
beschwöre dich bei Gott, peinige mich nicht! 8 Er hatte
nämlich zu ihm gesagt: Fahre aus, du unreiner Geist, aus dem
Menschen! 9 Und er fragte ihn: Was ist dein Name? Er
antwortete ihm: Legion ist mein Name, denn wir sind viele.
10 Und er bat ihn dringend, sie nicht aus der Gegend zu
verweisen. 11 Es war aber dort am Berg eine große Herde
Schweine zur Weide. 12 Und sie baten ihn: Schicke uns in die
Schweine, damit wir in sie fahren! 13 Und er erlaubte es
ihnen. Da fuhren die unreinen Geister aus und fuhren in die
Schweine. Und die Herde stürzte sich den Abhang hinunter in
den See, ungefähr zweitausend, und sie ertranken im See.
14 Und die Hirten flohen und verkündigten es in der Stadt und
auf dem Lande. Da gingen die Leute, um zu sehen, was
geschehen war. 15 Und sie kamen zu Jesus und sahen den
Besessenen, der die Legion gehabt hatte, bekleidet und ver-
nünftig dasitzen; und sie fürchteten sich. 16 Und die es gese-
hen hatten, erzählten ihnen, wie es mit dem Besessenen
zugegangen war, und [das] von den Schweinen. 17 Da fingen
sie an, ihn zu bitten, er möge aus ihrem Gebiet hinweggehen.
18 Und als er ins Schiff stieg, bat ihn der, welcher besessen

gewesen war, daß er bei ihm bleiben dürfe. [19] *Und er ließ es ihm nicht zu, sondern sagte zu ihm: Geh in dein Haus zu den Deinen und berichte ihnen, was der Herr dir Großes getan und wie er sich deiner erbarmt hat.* [20] *Und er ging aus und fing an, im Gebiet der Zehn Städte zu verkündigen, was Jesus ihm Großes getan hatte, und jedermann verwunderte sich.*

Markus 5,1–20

11.33 Der geheilte Gadarener

Der verjagt hat aus mir die Legion meiner Teufel
will mich nicht mitnehmen da die Sauhirten ihn verjagen
(„Tu anderswo deine Wunder
nicht auf Kosten unserer Schweine")

Der mich genug geliebt hat um mich zu retten
liebt er mich nicht genug um mich bei sich zu haben?
Nie hatte ich genug Liebe
Nur in die leeren Höhlen
der Ungeliebtheit in mir
konnten die Teufel sich setzen
(so wie ich meine Zuflucht hatte in leeren Gräbern)

„Gott ist die Liebe" sagt er
doch wen liebt *er?*
Liebt er nur seine Wunder
und die Herrlichkeit die sein Teil ist?
Liebt er die Menschheit und nicht die einzelnen Menschen?
Liebt er nur den Gedanken an seine Liebe?

Oder gelten die Menschen ihm gleich
und haßt er nur ihre Teufel?
Bin ich ihm gleichgültig wie die ertrunkenen Schweine
und wie die Hirten die von den Schweinen leben?

Ist seine Liebe gar nicht wirklich von hier?
Liebt er nur seinen Vater und seinen Auftrag?

Ich gehe und rufe sein Wunder aus
wie er mir sagte
Ich will ihn lieben
der mich gerettet hat
Aber wie ist diese Liebe
die mich alleinläßt?

Erich Fried

11.34 Der besessene Halbwüchsige

Als Anatole zu seinen Gefährten zurückkam, sah er eine zahlreiche Menschenmenge und etliche von der Schulbehörde, die mit ihnen diskutierten. Und er fragte sie: „Worüber diskutiert ihr?“ Einer aus der Menge antwortete: „Monsieur, ich habe Ihnen meinen Sohn gebracht, der einen Geist des Widerspruchs hat. Immer, wenn er über ihn kommt, zerrt er den Jungen in Schülerdemonstrationen; dann fängt er an zu toben, schreit Parolen und fuchtelt mit Flugblättern durch die Gegend. Ich habe Ihre Freunde gebeten, ihn zu heilen, aber sie waren dazu nicht imstande.“ – „Trauriges Geschlecht“, entgegnete ihnen Anatole, „wie lange noch muß ich euch ertragen? Bringt ihn zu mir!“ Und sie brachten ihn. Beim Anblick Anatoles kam alsbald der Geist des Widerspruchs über das Kind, daß es sich auf den Bürgersteig setzte und in den Rinnstein spie. Und Anatole fragte den Vater: „Wie lange geht es schon so mit ihm?“ – „Seitdem er in der Schule ist“, antwortete jener. „Und oft hat er versucht, sich umzubringen, und wollte sich ins Feuer werfen oder ins Wasser gehn. Aber wenn du irgend etwas zu tun vermagst, so habe Mitleid und hilf uns.“ – „Wenn *du* vermagst! . . .“, verbesserte ihn Anatole. „Kein Ding ist unmöglich, wenn du für etwas lebst, was dein Sohn respektieren kann. Aber sag mir, wofür lebst du?“ Auf diese Worte hin überschattete sich des Mannes Gesicht, und er ging weg voll Trauer, denn er lebte für sein Konto. Und sein Sohn machte sich daran, in den Rinnstein zu erbrechen. Als Anatole wieder nach Hause gekommen war, fragten ihn seine Gefährten: „Unter uns gesagt, glaubst du nicht auch, daß die Welt von heute schwer zu verstehen ist?“ Er antwortete ihnen: „Es reicht nicht mehr aus, die Welt zu begreifen, man muß sie auch verändern.“

Michel Clévenot

11.35 in gerasa

heulend und nackt in den hügeln gerasas
setzte ein irrwisch aus eiter und wahn
über gräben und bäche und jodelnd
barst seine seele entzwei entdrei

heulend und nackt in den hügeln gerasas
schwang er als brennende fackel
die wunden die er sich selber geschlagen
und sang den toten mit denen er schlief –

doch plötzlich verstummte der lärm
lauter gellt stille als jedes geschrei
erschrocken laufen gerasas bürger zusammen
und hören die hirten atemlos melden:

der nazarener
war da

Kurt Marti

11.36

Herbert Falken: Rauschgiftsüchtiger I (1973)

11.37

Kaum waren wir am Nordufer an Land gegangen, hörten wir Gebrüll. Es war nicht menschlich und doch auch nicht tierisch, und es kam aus einer der verlassenen Grabhöhlen. Ich erinnerte mich sofort: das war der Kinderschreck, den gabs schon seit vielen Jahren. Geht nicht zu den Grabhöhlen, sagte man den Kindern, dort ist der wilde Mann, der euch fängt und frißt, hört ihr, schon rasselt er mit seinen Ketten!
Manchmal hörten wir Kinder es sogar wirklich. Dann hatte er wieder einmal die Ketten zerrissen, mit denen ihn zu fesseln bisweilen gelang, wenn er im Tiefschlaf lag.
Der Mann war ein Kranker, ein Fallsüchtiger, ein Tobsüchtiger, ein gewalttätiger Irrer. Er ist besessen, sagte man, und seine Kraft kommt von den Dämonen, die er in sich hat.
Rabbi, wohin gehst du! Der Mann ist gefährlich.
Doch Jeschua ging weiter, geradewegs auf die Höhle zu, aus der das Brüllen kam.
Rabbi, der Mann bringt dich um!
Jeschua wies uns mit einer strengen Geste zurück und ging weiter. Wir zitterten vor Angst.
Doch kam alles anders als wir fürchteten. Unbegreiflich anders. Als Jeschua vor dem Höhlengrab stand, stürzte der Irre heraus. Das war kein Kinderschreck, kein schwarzer Mann; so wie er war, so stellten wir uns Beelzebul, den obersten der Dämonen, vor. Das war kein Mensch mehr. Er drohte mit den Ketten und schrie Unverständliches. Jeschua blieb stehen. Da blieb der Irre auch stehen. So standen sie sich gegenüber auf drei Schritte. Plötzlich ein Schrei, und der Irre stürzte zu Boden. Jeschua beugte sich über ihn, berührte ihn sanft und sprach mit ihm. Was er sagte, hörten wir nicht. Der Irre bäumte sich noch einmal auf und schlug mit Händen und Füßen um sich. Dann lag er still. Jeschua fuhr fort, ihm über das verfilzte Haar zu streichen und mit ihm zu sprechen wie zu einem Kind, das es zu beruhigen galt. Nach einer Weile sagte

er zu uns: Jetzt schläft er. Wenn er aufwacht morgen früh, wird er sich an nichts erinnern, er wird gesund sein.
Wir zitterten noch lange, und im Weggehen wandte sich immer wieder einer von uns um.
Am Abend wagte ich die Frage: Rabbi, wer bist du, daß du so etwas kannst?
Er sagte: Wollt ihr es lernen? Also hört: zuerst einmal dürft ihr keine Spur von Angst haben.
Das sagst du so, Rabbi! Das ists ja, daß einem so einer Angst macht. Wieso hattest du keine Angst?
Wovor sollte ich mich fürchten? Der Mann war ein Kranker. Sein Leib und seine Seele stritten gegeneinander, und niemand half ihm. Alle hatten Angst vor ihm, das machte ihn stark. Als er sah, daß ich furchtlos war, ergab er sich dem Stärkeren, und stärker ist immer der, der nichts für sich wünscht und fürchtet.
Ja, aber: er war doch ein Kranker, und du hast ihn geheilt. Wie machst du das? Liegt das Heilende in deinen Händen? Sag uns dein Geheimnis!
Was redet ihr, als sei ich ein Zauberer. Es ist kein Geheimnis. Sehr einfach ist das. Wann wird ein Mensch krank? Wenn seine Säfte aus dem Gleichgewicht kommen. Wodurch wird das Gleichgewicht gestört? Wenn er vergißt, daß er ein Kind des Ewigen ist, dem kein Unheil etwas anhaben kann. Woher kommt dieses Vergessen des hohen Schutzes? Aus dem Mangel an Liebe. Wird ein Mensch nicht geliebt, so fehlt ihm der Schutz. Dann fallen ihn negative Kräfte an, und er wird krank. Gibt man ihm Liebe und Vertrauen, so wird sein Gleichgewicht wiederhergestellt, und er wird gesund.
Wir verstehen, Rabbi. Aber wer kann so lieben wie du?

Luise Rinser

UMWERTUNG ALLER WERTE

11.38 reich gottes in der schweiz?

fragte der gast
aus bobrowskiland:
„. . . und wie steht es
mit dem reich gottes
bei euch
in der schweiz?“

bruder ach bruder
ragaz ist tot
karl barth ist tot
und auch uns
ist schon ganz elend

denn längst hat gott
seinen boden
unter unseren füßen
verloren
(an immobilienfirmen . . .)

bekümmert
tuscheln die kirchen
am grünen tisch
mit konzernen

inzwischen
verwerfen wir
beispielhaft demokratisch
ein mitbestimmungsrecht
nach dem andern

gleichzeitig
ruft immer mehr angst
nach immer mehr polizisten
und nach verschärfung
des strafrechts
(„zusammen mit IHM
wurden gekreuzigt
zwei räuber . . .“)

so ungefähr
bruder
und was das reich gottes betrifft:
ein glimmender docht
in den herzen den köpfen
von spinnern rebellen
und einiger stiller im lande

Kurt Marti

1 Denn das Reich der Himmel ist gleich einem Hausherrn, der
am Morgen früh ausging, um Arbeiter in seinen Weinberg zu
dingen. 2 Nachdem er aber mit den Arbeitern um einen Denar
für den Tag übereingekommen war, sandte er sie in seinen
Weinberg. 3 Und als er um die dritte Stunde ausging, sah er
andre müßig auf dem Markte stehen 4 und sagte zu diesen:
Gehet auch ihr in den Weinberg, und was recht ist, will ich
euch geben. 5 Sie aber gingen hin. Wiederum ging er um die
sechste und um die neunte Stunde aus und tat ebenso. 6 Als er
aber um die elfte Stunde ausging, fand er andre dastehen und
sagte zu ihnen: Warum steht ihr hier den ganzen Tag müßig?
7 Sie antworteten ihm: Weil uns niemand gedungen hat. Er
sagte zu ihnen: Gehet auch ihr in den Weinberg!
8 Als es aber Abend geworden war, sagte der Herr des
Weinbergs zu seinem Verwalter: Rufe die Arbeiter und zahle
den Lohn aus, indem du bei den Letzten anfängst, bis zu den
Ersten! 9 Da kamen die von der elften Stunde und empfingen
jeder einen Denar. 10 Und als die Ersten kamen, meinten sie,
sie würden mehr empfangen; und auch sie empfingen jeder
einen Denar. 11 Als sie ihn aber empfangen hatten, murrten
sie wider den Hausherren 12 und sagten: Diese Letzten haben
[nur] eine Stunde gearbeitet, und du hast sie uns gleich
gemacht, die wir die Last und Hitze des Tages getragen
haben. 13 Er jedoch antwortete und sprach zu einem unter
ihnen: Freund, ich tue dir nicht Unrecht. Bist du nicht um
einen Denar mit mir übereingekommen? 14 Nimm das Deine
und geh hin! Ich will aber diesem Letzten so viel geben wie dir.
15 Oder steht es mir nicht frei, mit dem Meinigen zu tun, was
ich will? Oder ist dein Auge neidisch, weil ich gütig bin? 16 So
werden die Letzten Erste und die Ersten Letzte sein.

Matthäus 20,1–16

11.39 Die Arbeiter

Und Jesus erzählte die Geschichte von einem Gutsherrn. „Ja“, sagte er, „da war ein Gutsherr, der verließ früh am Morgen sein Haus, um Arbeiter für seinen Weinberg anzuwerben. Bald fand er einige, die bereit waren. Und nachdem er mit ihnen einen Denar als Tageslohn vereinbart hatte, wie es üblich war, schickte er sie zur Arbeit in seinen Weinberg. Um die dritte Stunde, das ist soviel wie 9 Uhr am Morgen, traf er auf dem Markt andere, die noch keine Arbeit gefunden hatten. ‚Geht auch ihr in meinen Weinberg‘, sagte er ihnen, ‚ich werde euch geben was recht ist.‘ Und sie gingen an die Arbeit. Um die sechste und neunte Stunde, also um 12 und um 3 Uhr, ging er wieder hinaus, und wieder schickte er die Arbeitsuchenden in seinen Weinberg. Am späten Nachmittag, also um 5 Uhr, zur elften Stunde, begegnete er weiteren Männern, die am Marktplatz standen: ‚Was steht ihr untätig hier herum?‘ fragte er. ‚Niemand hat uns Arbeit gegeben‘, sagten sie. Da hieß er auch sie in seinen Weinberg gehen.

Als nun der Abend kam, trug der Gutsherr seinem Verwalter auf: ‚Rufe jetzt die Leute zusammen, zahle ihnen den Lohn aus. Und bedenke wohl: Einige waren den ganzen Tag über fleißig, andere haben erst am Nachmittag angefangen, und ein paar haben nur eine einzige Stunde gearbeitet. Rechne das genau aus und gib jedem den Lohn, der ihm zusteht, je nach der Leistung, die er erbracht hat!‘

Da erhielten die, die am Morgen schon im Weinberg angefangen hatten, den vereinbarten Denar, die anderen entsprechend weniger. Der Lohn wurde ganz gerecht ausbezahlt, und so waren alle zufrieden. Freilich sprang für die, die nur eine einzige Stunde beschäftigt waren, so wenig heraus, daß sie davon nicht einmal ein Brot kaufen konnten, um ihrer Familie daheim ein karges Essen zu bereiten. Da sagte einer der Arbeiter, die für die Arbeit eines ganzen Tages mit einem Denar entlohnt worden waren: ‚Jetzt soll sich zeigen, was wir

Arbeiter unter Solidarität verstehen und daß unserer Meinung nach nicht die Arbeitsleistung, sondern der Mensch gilt. Ich schlage deshalb vor: Wir legen alle zusammen. Und dann soll jeder von uns den gleichen Anteil erhalten!‘ Das fanden alle richtig. Und sie teilten, was sie hatten. Und jeder erhielt genau den gleichen Betrag. Das sprach sich alsbald herum in der kleinen Stadt. Natürlich gab es böses Blut, und manche sagten: ‚So geht das nicht! Wo kommen wir denn hin, wenn die Letzten den Ersten gleichgestellt werden? Wenn die Leistung nichts mehr gilt?‘ Und da sprachen die Arbeiter: ‚Wir wollen, daß alle gleich viel haben, die Letzten genausoviel wie die Ersten. Oder dürfen wir mit unserem Geld nicht machen, was wir wollen? Seid ihr neidisch, weil wir gut sind zueinander und Solidarität üben?‘ “
Und Jesus schloß seine Erzählung mit den Worten: „Seht ihr, so, genau so wird es im Himmel Gottes sein: Da sind die Letzten zusammen mit den Ersten. Und alle werden wie Brüder sein und Söhne eines einzigen Vaters!“

Lothar Zenetti

11.40 Ellinors geschichte

Auf einer reise nach kenia afrika
hätten sie ein wohnungsprojekt besichtigt
es lag in einem slum
für zehntausend land und arbeitslose

Wie konntet ihr fragte ellinor
unter so viel elend wählen
und die tüchtigsten finden
für die neuen wohnungen

Wir suchten habe sie zur antwort bekommen
die bedürftigsten aus
die es am meisten brauchen
und ellinor sechsundfünfzig war heute
vier monate später
immer noch glücklich
und kicherte wie ein junges mädchen

Stell dir vor sagt sie
sie versuchen herauszufinden
wer blind dreckig verunstaltet geschlechtskrank
drogenabhängig und ohne alle erziehung ist
stell dir vor ach das kannst du dir nicht vorstellen
hierzulande
sie gehen vor nach den bedürfnissen

Später im flugzeug sagt sie bei meiner gruppe
das war schlimm ich konnte niemandem
begreiflich machen
was mich zu tränen gerührt hat

Ich versuche es zu erklären
die letzten fiel mir schließlich ein
werden die ersten sein
wenn die häuser neu verteilt werden

Aber warum soll alles neu verteilt werden
fragte eine christliche dame

Dorothee Sölle

11.41 Im Weinberg des Herrn

Im Weinberg des Herrn wuchs den Arbeitern die Arbeit über den Kopf. Nicht nur die bisherige Arbeit war zu verrichten, sondern dank moderner Anbaumethoden waren die Anforderungen an die Arbeiter gestiegen. Dazu war es immer schwerer, Arbeiter für diese Arbeit im Weinberg zu gewinnen.
In ihrer Not riefen die Arbeitsdirektoren zum Herrn, daß er ihnen die dringend benötigten Arbeitskräfte schicke, sonst brauche er sich über nichts mehr zu wundern. Der Herr anerkannte ihre Forderungen und schickte ihnen eine ganze Arbeitskolonne tüchtiger Frauen und Mädchen unter Leitung einer resoluten und gütigen Vorarbeiterin.
Voller Tatendrang und guter Vorsätze meldeten sie sich bei den Arbeitsdirektoren und wollten an die Arbeit gehen. Doch die Arbeitsdirektoren schüttelten nur den Kopf und schickten die Kolonne wieder nach Hause, denn Damen könne man nicht brauchen, das habe es im Weinberg noch nie gegeben und das werde es auch nimmer geben.
Die Frauen zogen frustriert von dannen und die Arbeitsdirektoren wandten sich erneut an den Herrn, denn die unerledigte Arbeit häufte sich immer mehr an. Da schickte ihnen der Herr

eine Kolonne junger Männer, die nach ihrem Hauptschul- und Realschulabschluß einen Handwerksberuf ergriffen und tüchtige Gesellen geworden waren. Sie waren bereit, ihr praktisches Geschick und ihre Lebenserfahrung im Weinberg des Herrn einzusetzen und meldeten sich voller Tatendrang und guter Vorsätze bei den Arbeitsdirektoren und wollten gleich an die Arbeit gehen. Aber die Arbeitsdirektoren schüttelten den Kopf und sagten, Abitur und Universitätsexamen sei schon das Minimum, die klügsten Männer seien für diesen Beruf gerade gut genug, praktisches Geschick und Lebenserfahrung reiche da bei weitem nicht aus.
Frustriert zogen die Junggesellen wieder ab und die Arbeitsdirektoren wandten sich erneut an den Herrn des Weinbergs, denn aus Altersgründen schieden immer mehr bisherige Weinbergarbeiter aus und gingen in Rente oder starben. In seiner Langmut schickte der Herr ein drittes Mal eine Kolonne. Es waren lauter Männer mit Universitätsexamen, die bereit waren, ihr Familienleben stark einzuschränken und ihr Brot für die Ernährung von Frau und Kindern im Weinberg des Herrn zu verdienen. Voller Tatendrang und guter Vorsätze meldeten sie sich bei den Arbeitsdirektoren und wollten gleich an die Arbeit. Aber wieder schüttelten die Arbeitsdirektoren ihre Köpfe, es sei ja alles schon recht gut, aber Verheiratete, nein, das habe es noch nie gegeben und der Herr Generaldirektor habe auch gesagt, das vertrage sich schlecht mit der hingebungsvollen Arbeit im Weinberg des Herrn, sie seien doch wohl nicht die richtigen.
Enttäuscht kehrten die Akademiker in ihre Familien zurück, und die Arbeitsdirektoren wandten sich erneut an den Herrn des Weinberges und schilderten ihm in den schwärzesten Farben die Situation im Weinberg und daß sie ihm bald den Weinberg würden schließen müssen, wenn er nicht bald genügend neue Arbeiter in seinen Weinberg sende, an ihnen läge es wahrlich nicht. Da fiel der Herr vor ihnen auf die Knie und flehte: „Gebt mir eine Chance!“

Helmut Fielenbach

[36] *Und er nahm ein Kind, stellte es mitten unter sie, umarmte*
es und sprach zu ihnen: [37] *Wer ein solches Kind um meines*
Namens willen aufnimmt, der nimmt mich auf; und wer mich
aufnimmt, der nimmt nicht mich auf, sondern den, der mich
gesandt hat.

Markus 9,36–37

[13] *Und sie brachten Kinder zu ihm, damit er sie anrühren*
möchte. Die Jünger aber schalten die, welche sie brachten.
[14] *Als Jesus das sah, wurde er unwillig und sprach zu ihnen:*
Lasset die Kinder zu mir kommen, wehret es ihnen nicht; denn
solchen gehört das Reich Gottes. [15] *Wahrlich, ich sage euch:*
Wer das Reich Gottes nicht annimmt wie ein Kind, wird nicht
hineinkommen. [16] *Und er umarmte und segnete sie, indem er*
ihnen die Hände auflegte.

Markus 10,13–16

11.42 der größte im himmel

da wollen sie es nun einmal genau wissen
und fragen jesús
mitten auf der straße
ohne sonderlichen anlaß
wer ist der größte im himmel
außer gott
natürlich
so dumm fragt keiner
aber es wär' doch ganz schön
jetzt schon zu wissen

ob unsereiner eine chance hat
dabei zu sein
unter den größten
oder den größeren
oder den nicht ganz kleinen
nicht ganz oben
nicht ganz unten

aber
wer eben ganz oben ist
der star
der superstar
wer das große los gezogen hat
den richtigen tip hatte
das möchte man eben doch ganz gern wissen
hier schon
bevor es so weit ist
vielleicht läßt sich was machen
denken die gennesaretfischer
der steuerbeamte
die campesinos aus den dörfern um choluteca
der gastwirt an der straße nach ibimirim
die ohneerlaubnisjäger
die fallensteller

da bleibt jesús stehen
sieht sich um und zeigt auf ein kindchen
das gerade vorbeizottelt
mit einem ausrangierten kinderwagen
vom müllplatz kommend

schau zu
ob in den weggeworfenen büchsen noch was drin ist
sagte die mutter
wir brauchen was zum feuern
sagte der vater

dieses kind ruft jesús
komm her
mein kind
habe keine angst
einer hat einen bonbon für das mädchen
sie bilden einen kleinen kreis
stellen das ein bißchen verschüchterte kind in die mitte
und jesús gibt antwort auf ihre frage

wenn ihr nicht werdet wie dieses kind hier
das steht fest
wenn ihr euch nicht ändert
und selber so gering einschätzt wie dieses kind
dann könnt ihr nicht in die neue welt gottes hineinkommen
wer sich so klein macht wie dieses kind
vor seiner müllkutsche
der wird der größte sein
und wer so ein kind aufnimmt in meinem namen
so einen kleinen
so kleine leute
so geringe
so unwichtige
so unwesentliche
so unbedeutende in meinem namen
der nimmt mich auf
damit ihr's wißt

wer aber einem dieses kindliche vertrauen wegnimmt
ihn um seinen glauben bringt
genauer
wer die armen leute stolpern läßt
zu fall bringt
(und er schaut die ohneerlaubnisjäger an und die fallen-
steller)
weil er selber fallstrick ist
selber falle für die armen leute

dann kommt er noch gut weg
ertränke man ihn
einen mühlstein am hals
im meer
wo es tief ist
...
verachtet sie mir also nicht
die kleinen
behandelt sie nicht überheblich
keinen
denn ihre engel
das weiß ich
und er zeigt auf das kind vor der zerbrechlichen
verrotteten müllkutsche
es ist ein bißchen verängstigt vor so viel großen leuten
sein engel sieht allzeit das gesicht meines vaters im himmel
alle ihre engel stehen vor ihm
haben zutritt zu ihm
immer

jesús streichelt das kind
ist ja klar
wo es doch die hauptrolle gespielt hat
und entläßt es freundlich aus der runde der zuhörer
die nun genau wissen
was sie wissen wollten
wer der erste im himmel ist
schwierige sache so ein erster platz
wissen sie nun
und gehen weiter
wie sagt man
mit gemischten gefühlen

da haben wir uns auf was eingelassen
mit ihm

Kurtmartin Magiera

11.43 Weherufe

Da brach er in Zorn aus
und rief sein Wehe
über das Land:

Wehe euch,
die ihr wirtschaftlich
die Spitzenmacht des
Kontinents seid,
aber in der Sorge
für Schüler
das Schlußlicht bildet.

Wehe euch,
die ihr den Raum
für Kinderspiele
in Parkplätze
umfunktioniert.

Wehe euch,
die ihr für eure
hochentwickelten Automobile
Leitplanken
und Fangzäune baut,
aber von den Schulkindern
geht jedes vierte zu Bruch.

Wehe euch,
die ihr aus der Stätte
des freien Lernens
eine Anstalt
der Angst macht.

Irrt euch nicht:
Eure stolze Bilanz
wird euch zum Spott,
wenn ihr
sie nicht am Wachstum
des letzten Hauptschülers
meßt.

Wolfgang Dietrich

11.44

Otto Pankok: Lasset die Kindlein zu mir kommen (1933)

11.45 Den Segen in der Hand

Die Kirche war neu gebaut worden.
Vor dem Eingang war ein Haufen Sand liegen geblieben.
Zuweilen verirrten sich zwei Kinder dorthin,
gruben im Sand
und vergaßen, was um sie geschah.
Sie hörten nicht die Glocken,
sahen nicht die Kirchgänger ein und ausgehen
und schon gar nicht, daß unter ihnen die höchst seltene Gestalt
eines Bischofs zur Kirche herauskam.
Um so mehr achtete der Bischof auf das Geschehen
um ihn herum.
Seine Hand zuckte leise, denn sie war es gewohnt zu segnen.
Nur, es waren so wenig Leute da.
Keine einzige Frau wartete vor der Kirche, um ihm ihr Kind
hinzuhalten.
Nur zwei Kinder spielten im Sand, und die nahmen
keine Notiz von ihm.
Den Bischof kümmerte das nicht.
Kind ist Kind, sagte er sich, und Segen ist Segen.
Wer ein Kind in meinem Namen aufnimmt, nimmt mich auf.
Und schon fiel sein schwerer Schatten über die Kinder.
Sie schauten auf,
sahen eine fremde Gestalt,
das lange, schwarze Gewand,
die rote Schleife, den Bart, den Hut, die Hand, die sich aus-
streckte –
die Kinder sprangen auf und rannten über den Sandhaufen weg.
Mißverständnis! sagte der Bischof, fürchtet euch nicht!
Und er sprang ebenfalls über den Sandhaufen,
noch immer den Segen in der Hand.
Aber da waren die Kinder schon weg.
Mit Sand in den Schuhen kam der Bischof zurück,
und auch an seiner Hand klebte Sand.
Ein Kind in seinem Namen aufnehmen? dachte er,
das ist heute auch nicht mehr so einfach.

Josef Osterwalder

3 Und er redete zu ihnen vieles in Gleichnissen und sprach:
Siehe, der Säemann ging aus, um zu säen. 4 Und indem er
säte, fiel etliches auf den Weg, und die Vögel kamen und
fraßen es auf. 5 Andres fiel auf den felsigen Boden, wo es nicht
viel Erde hatte, und es ging sogleich auf, weil es nicht tiefe
Erde hatte; 6 als aber die Sonne aufging, wurde es verbrannt,
und weil es nicht Wurzel hatte, verdorrte es. 7 Andres fiel
unter die Dornen, und die Dornen wuchsen auf und erstickten
es. 8 Noch andres fiel auf den guten Boden und brachte
Frucht, etliches hundertfältig, etliches sechzigfältig, etliches
dreißigfältig. 9 Wer Ohren hat, der höre!

Matthäus 13,3–9

11.46 Steiniges Erdreich

Herausforderung
habe ich säen wollen
Verletzung geerntet

In Zuversicht
habe ich gesät
Unverständnis geerntet

Phantasie
habe ich säen wollen
Banalität geerntet

In Tränen
habe ich gesät
Resignation geerntet

Aufbruch
habe ich säen wollen
Stillstand geerntet

In Einsamkeit
habe ich gesät
Isolation geerntet

Lebendigkeit
habe ich säen wollen
Tod geerntet

Im Vakuum
habe ich gesät
Leere geerntet

Abschied
habe ich säen wollen
Verzweiflung geerntet

Über Nacht
sind mir gesät worden
Samenkörner der Hoffnung
ernte ich
zum Überwintern

Christel Voß-Goldstein

11.47 Wort

Wie vom Wind
in die Menschenmenge gewehter Samen
wird das schnelle Wort

von Vögeln aufgeschnappt
auf Steinen zertreten
aufgespießt von Nadelspitzen
Doch das geduldig gehörte Wort
schafft Handlungsfreiheit
für Einzelne

Kurt Wolff

11.48

Ein Bauer sät Getreide. Ein Teil der Körner fällt auf den Weg und wird zertreten und von den Vögeln aufgepickt. Ein Teil fällt auf Felsboden und vertrocknet. Ein Teil fällt ins Dornicht, wächst auf, wird aber dann vom Gestrüpp erstickt. Ein kleiner Teil fällt auf guten Boden und bringt reiche Frucht.
Natürlich verstanden wir, worauf das zielte. Die Körner waren sein Wort. Jedoch: was für ein Bauer ist das, der so unachtsam sät. Er muß doch seinen Boden kennen. Wirklich: wer sät denn in die Dornen, wer sät auf den Fels! Ist es die Schuld der Körner, wenn sie nicht wachsen können?
Rabbi, du hast entweder ein schlechtes Beispiel gewählt, oder aber eine entsetzliche Wahrheit sagen wollen.
Er sagte: Ihr denkt zu kurz. Es gibt nicht nur eine einzige Zeit der Aussaat und nicht nur einen einzigen Erntesommer. Das große Angebot wird wiederholt. Unendlich ist die Möglichkeit des Aufstiegs für den Menschen.
Ja schon. Aber erklärt hast du damit nicht, warum der Bauer so töricht ist. Kann er denn sein Saatgut so verschwenden? Oder ist seine Hoffnung aufs Ernteglück so stark, daß er sogar dem Fels zutraut, daß er fruchtbar wird?
Jeschua sagte: Kein Korn geht verloren.
Damit konnten wir für den Augenblick zufrieden sein.

Luise Rinser

11.49

Hans Georg Anniès: Vorfrühling V (1980)

11.50 In der Flut des guten Samens

Wie der Beruf es befahl, gab der Pfarrer Wörter von sich, streute sie hierhin und dorthin,
manchmal verständlich, manchmal unverständlich;
er warf seine Wörter vor die Beständigen und die Unbeständigen, die Praktizierenden und die Abseitsstehenden.
Schließlich setzte er sich hin, um auf die Ernte zu warten.
Und sie war kläglich.
Natürlich konnte man nicht alles sehen, und vieles geschieht im Verborgenen, sagte der Pfarrer.
Aber weil er ehrlich war, blieb es ihm nicht verborgen, daß außer ein paar struppigen Pflanzen überhaupt nichts zu sehen war.
Auf dem sogenannten guten Erdreich war nichts aufgegangen, und unter die Dornensträucher wagte er schon gar nicht zu blikken.
Als der Pfarrer weiter überlegte, kam er zu dem Schluß, daß weder die Leute schuld waren noch das Erdreich, sondern er selbst.
Ja, demütig, wie er war, sagte er sich: Mein Saatgut war schlecht.
Ich habe viel zu wenig Worte ausgestreut, da konnte zu wenig wachsen.
Zwei Worte sind mehr als eines, und drei müßten was ergeben.
Von da an beschloß er, nicht mehr ein Wort zu sagen, sondern Wörter.
Er begann Wörter zu machen, wo er nur konnte;
verlängerte die Predigt um das Doppelte und sah sich nach Gelegenheiten um, die Wörter auch über die Kirche hinaus sprudeln zu lassen.
Er schrieb in Zeitungen.
Seine Seelsorgegespräche wurden länger und länger. Wer Rat suchte, kam vor einer Stunde nicht wieder weg.
Die Beichtgespräche dehnten sich aus.
Schließlich hatte er soviel Wörter, daß er ans Radio geholt wurde, und selbst im Fernsehen gelang es ihm aufzutreten und zu reden und zu reden.
Um besser verstanden zu werden, verdoppelte er die Kapazität der Lautsprecher seiner Kirche, kaufte neue Mikrofone.
Nun war es unmöglich, seinen Worten zu entgehen, unentrinnbar

setzten sie sich ins Ohr. Er sprach an Festen und an Gräbern, am Nationalfeiertag und an Neujahr und scherte sich nicht darum, daß er schließlich so bekannt war, daß er der „Unvermeidliche" genannt wurde.

Endlich waren Wörter im Überfluß da,
man konnte sie kaum mehr mit Samen vergleichen, eher schon mit einem Bach oder Strom. Und der schwoll an, wurde reißend,
trat über die Ufer und überschwemmte mit seiner Wörterflut das ganze Land.
Er fegte die Steine blank, schwoll über die Wege, drang unter die Dornen,
ja, er überflutete selbst das fruchtbare Erdreich,
wirbelte es auf und trug es mit.
Alles war abgefegt bis auf den lehmigen Untergrund.
Als der Pfarrer das Rauschen des Stromes vernahm, wurde er im Reden gestört; und er begann mit noch größeren Lautsprechern noch lauter zu sprechen.
Daß nun nichts mehr wuchs, das sah er schon gar nicht mehr.
Er hatte keine Zeit hinzuschauen. Die Termine drängten. Dem Pfarrer fielen immer neue Wörter ein.

Josef Osterwalder

Ein andres Gleichnis sagte er ihnen: Das Reich der Himmel ist gleich einem Sauerteig, den eine Frau nahm und unter drei Scheffel Mehl mengte, bis es ganz durchsäuert war.

Matthäus 13,33

11.51 Der Sauerteig

Da sie noch immer Schwierigkeiten hatten zu verstehen, was das Reich Gottes ist, erzählte er ihnen dieses Gleichnis:
Mit dem Himmelreich ist es wie mit dem Sauerteig, den eine Frau unter einen Trog Mehl mischte. Weil sie meinte, sie müsse den Sauerteig mit ihren Zutaten und Gewürzen erst richtig schmackhaft machen, mengte sie Kümmel, Anis und Koreander bei. So verdarb sie vielen, die gern davon gegessen hätten, den Geschmack.
Aber auch mit dieser Erklärung kamen sie nicht zurecht und fragten ihn:
Willst du damit sagen, daß der Mensch zum Wachsen des Gottesreiches nichts beitragen kann?
Da sagte er zu ihnen:
Die Frau soll den Sauerteig unter das Mehl mengen. Sie kann etwas tun! Nur soll der Mensch nicht das tun wollen, was Gottes Sache ist.

Walter Rupp

BERUFEN ZUR ARBEIT

*[1] Und er rief seine zwölf Jünger zu sich und gab ihnen Macht
über die unreinen Geister, sie auszutreiben und jede Krank-
heit und jedes Gebrechen zu heilen . . .*
*[5] Diese Zwölf sandte Jesus aus und gebot ihnen: Gehet nicht
auf eine Straße der Heiden und gehet nicht in eine Stadt der
Samariter, [6] sondern gehet vielmehr zu den verlorenen Scha-
fen des Hauses Israel! [7] Wenn ihr aber hingeht, so prediget:
„Das Reich der Himmel ist genaht." [8] Heilet Kranke, wecket
Tote auf, machet Aussätzige rein, treibet Dämonen aus!
Umsonst habt ihr es empfangen, umsonst gebet es! [9] Ver-
schaffet euch nicht Gold noch Silber noch Kupfer in eure
Gürtel, [10] keine Tasche auf den Weg, auch nicht zwei Röcke,
auch nicht Schuhe noch Stab; denn der Arbeiter ist seiner
Speise wert.*

Matthäus 10,1 und 5–10

11.52 Verschiedene Anweisungen

Verschafft euch weder Gold noch Silber,
noch Geld für eure Gürtel,
nehmt keinen Bettelsack
mit auf den Weg –
so spricht der Herr.

Doch gibt's da noch die Kirchenleitung,
und die gebietet ihren Söhnen,
den Pfarr-Etat getreulich zu verwalten
gemäß dem Haushaltsplan in allen Punkten
und Buch zu führen über Meßstipendien
und nicht die kleinste Spende zu vergessen
und die Kollekten sorgsam abzuführen,
denn Ordnung, weiß man, ist das halbe Leben. –

Doch: Halbe Sachen lieb' ich nicht,
so hör ich einen sagen.
Herr, bist du's?

Lothar Zenetti

11.53 Als er kam

Du bist ihm nötig
das ist das ganze
ohne dich muß er dranhängen
und durch den schornstein fahren
verkauft bleiben an den konditor
aufgewertet beim nächsten börsensturz
verzehrt und verraucht
ein verbrauchter
ohne dich

Du sollst ihm helfen
das ist der glaube
er schafft es nicht
sein reich
damals später und bislang
jedenfalls nicht ohne dich
ebendies ist seine unbezwingliche werbung

Dorothee Sölle

11.54 Gott mischt sich ein

Jesus rief Mitarbeiter zu sich,
und er gab ihnen Vollmacht
über Dummheit, Fanatismus und Habgier,
alles auszutreiben,
was Menschen verdirbt und zerstört.

Die Namen der Berufenen
sind nicht außergewöhnlich:
Hartmut, der junge Unternehmer,
und Andreas, der Aussteiger,
Ruth und Els von der Frauenbewegung,
Günther, CDU-Mitglied,
und Walter, der Gewerkschaftsmann,
Toni und Sabine
von den Christen für den Sozialismus,
Konrad von der Bruderschaft
und Anna, seine Schwester,
Siegfried, der Corpsstudent,
und Matthias, Kriegsdienstverweigerer
und Kernkraftgegner.

Diese sandte Jesus aus
und gebot ihnen:
Sprecht: Das Himmelreich
ist nahe herbeigekommen.
Sagt nicht: Die Katastrophe
ist nahe herbeigekommen.
Sagt nicht: Es ist alles sinnlos
und vergebliche Liebesmüh;
die Welt ist böse
und hoffnungslos verloren.
Sagt die Nähe Gottes an.

Lenkt die Aufmerksamkeit
auf seine Spuren,
auf Bewegungen, die er entfacht:
Waffen werden beiseite gelegt.
Brot wird gebrochen und geteilt.
Raum ist in den Herbergen.
Lieder werden geschrieben und gesungen.
Tränen werden abgewischt.
Gräber bäumen sich auf,
Gott entgegen.

Heilt die unverbesserlich Gesunden,
die Sieger, die Erfolgsritter,
die Harten und Gepanzerten.
Stärkt die Leistungsschwachen,
sucht Einsame auf, Schwerblütige.
Sprengt Isolation und Leidensdruck.
Bekämpft die Gesellschaft,
wo sie Menschen kaputt macht.

Weckt Lebende auf,
gedankenlose, festgefahrene Egoisten,
abgestumpfte, stockbeinige Gewohnheitstiere.
Weckt sie auf, macht ihnen Beine,
versetzt sie in Unruhe,
stachelt sie an zu leben,
aufzustehen vom Trott,
sperrigen Zwang und ängstliche Blockaden zu verwandeln
in feinfühliges Aufmerken.

Befreit die Aussätzigen,
die Randgruppen unserer Gesellschaft,
von ihrem Makel,
wenn sie Leistung nicht erbringen.

Gebt den zum Abschaum Gestempelten
ihre Würde zurück,
räumt ihnen Wege frei,
sich selbst zu finden.

Treibt Teufel aus,
Stumpfsinn, Gleichgültigkeit und Langeweile,
Haß und Rechthaberei,
alles Freund-Feind-Denken,
mit dem sie einander zum Abschuß freigeben.

Ihr braucht euch nicht
ängstlich abzusichern.
Verlaßt euch nicht auf Stabilität und harte Währung,
auf Medien und Apparaturen,
auf Werbepsychologie und Management.
Sie machen euch nicht mächtiger
und schon gar nicht geistvoller.
Bleibt offen und ungeschützt.
Dann gewinnt ihr Glaubwürdigkeit.

Schlagt das Evangelium
den Menschen nicht um die Ohren.
Droht ihnen nicht mit der Bibel.
Aufdringlichkeit schwächt nur
eure Überzeugungskraft.
Gottes Geist wird euch geleiten.

Manfred Fischer

Da sprach Jesus zu ihm: Niemand, der seine Hand an den Pflug legt und zurückblickt, ist tauglich für das Reich Gottes.

Lukas 9,62

11.55 denk mal

wer seine hand
an den pflug legt
und schaut zurück
ist nicht tauglich
ist nicht geschickt

taugt aber wer
nur nach vorn schaut
und legt seine hand
nicht mehr an den pflug

geschickt sein und
einfach nicht hinschaun
verbissen die hand
an dem pfluge

den blick auf
die furche geheftet
die hand angelegt
an den pflug an
die hosennaht
an dich selbst
warum nicht abschied
nehmen vorher

wer hand anlegt
ist geschickt
wer zurückschaut
nicht tauglich

nimm abschied
und schau in
den himmel

weigere dich
verweigre dich nicht

Hans Norbert Janowski

11.56 Anweisung an Sisyphos

Was du tust, ist aussichtlos, gut:
Du hast es begriffen, gib es zu,
aber finde dich nicht damit ab,
Mann mit dem Stein. Niemand
dankt dir; Kreidestriche,
der Regen leckt sie gelangweilt auf,
markieren den Tod. Freu dich nicht
zu früh, das Aussichtslose
ist keine Karriere. Mit eigner
Tragik duzen sich Wechselbälge,
Vogelscheuchen, Auguren. Schweig,
sprich mit der Sonne ein Wort,
während der Stein rollt, aber
lab dich an deiner Ohnmacht nicht,
sondern vermehre um einen Zentner
den Zorn in der Welt, um ein Gran.
Es herrscht ein Mangel an Männern,
das Aussichtslose tuend stumm,
ausraufend wie Gras die Hoffnung,
ihr Gelächter, die Zukunft rollend,
rollend ihren Zorn auf die Berge.

Hans Magnus Enzensberger

11.57

jesus
wir stehen
aber nicht auf eigenen füßen

wir gehen
aber immer die gleiche schleife

wir sehen
aber nur was man sehen darf

wir leben
aber das leben
ist in den dingen
die wir herstellen und wegwerfen

sei unser lehrer
löse die gelenkten gelenke
öffne die verknoteten sinne

versteh uns
wir müssen alles üben
einen schritt tun
ein wort sagen
einen engel festhalten

Ernst Eggimann

Quellennachweis

S. 15 Aus: Ch. Voß-Goldstein (Hrsg.), Abel, wo ist deine Schwester? Patmos Verlag, Düsseldorf ²1988, S. 63 – **S. 16/17** Karikatur: Rechte bei Künstlerin, aus: W. Dietrich, Ich spiele, also bin ich. Verlag am Eschbach, Eschbach 1981, S. 104 – **S. 18** Aus: Ders., Die wunderbare Zeitvermehrung. Verlag J. Pfeiffer, München ²1983, S. 12 – **S. 19** Aus: Ders., roter faden glück. lichtblicke. Verlag Butzon & Bercker, Kevelaer ⁵1988, Nr. 12.4 – **S. 21** Aus: Ders., Im Herzen des Tigers. Verlag der Vereinigten Evangelischen Mission, Wuppertal 1986, S. 71, Nr. 76 – **S. 22** Rechte bei Autorin – **S. 24** (11.7) Aus: Ders., Erstaunliche Gleichnisse. Das Himmelreich ist wie . . ., 1985, Verlag Styria Graz Wien Köln, S. 43; (11.8) Aus: Dies., Fliegen lernen. W. Fietkau Verlag, Berlin 1979, S. 24 – **S. 26** Rechte beim Autor – **S. 27** (11.10) Aus: Ders., Der Schattenfotograf. © 1978, Paul List Verlag, München; (11.11) Aus: Kurt Marti, geduld und revolte. die gedichte am rand. © RADIUS-Verlag, Stuttgart 1984, S. 48 – **S. 28** © Ernst und Hans Barlach GbR Lizenzverwaltung Ratzeburg – **S. 29** (11.13) Rechte beim Autor; (11.14) Aus: Ders., Ein Maulbeerbaum für die Übersicht. Erzählungen und Kurzgeschichten. Texte über Gott und die Welt. Neukirchener Verlag, Neukirchen-Vluyn 1980, S. 133 – **S. 30** Aus: Dies., Mirjam © S. Fischer Verlag GmbH, Frankfurt am Main 1987, S. 85f. (gekürzt) – **S. 32** Aus: Ders., Erstaunliche Gleichnisse, a.a.O., S. 40f. – **S. 33** Aus: Ders., Die wunderbare Zeitvermehrung, a.a.O., S. 153f. – **S. 34** Aus: Ders., der geerdete himmel. Verlag Butzon & Bercker, Kevelaer ⁷1986, Nr. 5.5 – **S. 35** Aus: Ders., Der Schattenfotograf, a.a.O. – **S. 36** Liedtext aus: Neue geistliche Lieder III, BE 809. Gustav Bosse-Verlag, Regensburg – **S. 37** Aus: Dies., meditationen und gebrauchstexte. W. Fietkau Verlag, Berlin 1969, S. 16 – **S. 38** Aus: Ders., ich habe dein gesicht gesehen. Verlag Butzon & Bercker, Kevelaer 1975, S. 28f. – **S. 42** Aus: Der große Grafik Almanach. K. Thiemig AG, München o.J., S. 98 – **S. 43** (11.24) Aus: Ders., Ein Maulbeerbaum für die Übersicht, a.a.O., S. 164; (11.25) Aus: Ders., Ernstfall. J. F. Steinkopf Verlag, Stuttgart ²1973, S. 70 – **S. 44** Rechte beim Autor – **S. 48** Rechte bei Autorin – **S. 49** Aus: Ch. Voß-Goldstein (Hrsg.), Abel, wo ist deine Schwester?, a.a.O., S. 129 – **S. 50** Rechte beim Autor – **S. 51** Aus: Dialog mit der Bibel. Malerei und Grafik aus der DDR zu biblischen Themen. Evangelische Haupt- und Bibelgesellschaft zu Berlin und Altenberg ²1985, S. 116 – **S. 52** Aus: Ders., der geerdete himmel, a.a.O., Nr. 11.18 – **S. 54** Zit. nach: B. und V. Kahl (Hrsg.), Aufgestanden gegen den Tod. Union Verlag, Berlin 1984, S. 216 – **S. 56** Aus: Ders., Beunruhigungen. Quartheft 129. Verlag K. Wagenbach, Berlin 1984 – **S. 58** Zit. nach: B. und V. Kahl (Hrsg.), Aufgestanden gegen den Tod, a.a.O., S. 70 – **S. 59** Aus: Kurt Marti, geduld und revolte. die gedichte am rand. © RADIUS-Verlag, Stuttgart 1984, S. 31 – **S. 60** Rechte beim Künstler – **S. 61** Aus: Dies., Mirjam, a.a.O., S. 124ff. – **S. 63** Aus: Ders., Abendland, 1980 © by Luchterhand Literaturverlag, Frankfurt am Main – **S. 66** Aus: Ders., Die wunderbare Zeitvermehrung, a.a.O., S. 151f. – **S. 68** Aus: Dies., Verrückt nach Licht. W. Fietkau Verlag, Berlin 1984, S. 101 – **S. 69** Rechte beim Autor – **S. 71** Aus: Ders., ich habe dein gesicht gesehen, a.a.O., S. 43ff. – **S. 75** Aus: Ders., Ich spiele, also bin ich. Verlag am Eschbach, Eschbach 1981, S. 106 – **S. 76** © Eva Pankok, Hünxe-Drevenack – **S. 77** Rechte beim Autor – **S. 78** Aus: Ch. Voß-Goldstein (Hrsg.), Abel, wo ist deine Schwester?, a.a.O., S. 30f. – **S. 79** Aus: Ders., Ein Maulbeerbaum für die Übersicht, a.a.O., S. 133 – **S. 80** Aus: Dies., Mirjam, a.a.O., S. 84f. – **S. 81** Aus: Dialog mit der Bibel, Malerei und Grafik aus der DDR zu biblischen Themen, a.a.O., S. 79 – **S. 82** Rechte beim Autor – **S. 84** Aus: Ders., Erstaunliche Gleichnisse, a.a.O., S. 30 – **S. 85** Aus: Ders., Die wunderbare Zeitvermehrung, a.a.O., S. 32 – **S. 87** Aus: Dies., meditationen und gebrauchstexte, a.a.O., S. 10 – **S. 88** Aus: Ders., Einmischung in innere Angelegenheiten. Quell Verlag, Stuttgart ²1981, S. 30ff. – **S. 91** Rechte beim Autor – **S. 93** Aus: Verteidigung der Wölfe. © Suhrkamp Verlag, Frankfurt am Main 1957 – **S. 94** Aus: Ders., Jesus-Texte. © 1972 by Verlags-AG Die Arche, Zürich.